作文指导报 中小学读写指

"文坛祖母"冰心老人多次亲切会见《作文指导报》编辑，并为本报题写报头、书名。

世纪哲人冯友兰为《作文指导报》题词："言之无文，行而不远；修辞立其诚。"本报还设立了"冯友兰奖学金"，用于奖励品学兼优的中学生。

国家新闻出版广电总局
向全国少年儿童推荐的优秀少儿报刊

作文指导报

创刊 30 余载 发行量逾千万份
影响几代人 深受读者喜爱

中小学读写指导，我们很权威！

"文坛祖母"冰心、世纪哲人冯友兰、著名作家姚雪垠、著名作家二月河、著名作家宗璞、原国家总督学柳斌、教育部原副部长臧伯平、著名教育家韩作黎、著名语文教育专家于漪……众多作家、学者、教育界人士的支持、指导和帮助，让《作文指导报》成为全国权威、优秀的读写指导读物之一。

国内高品质教辅报纸的代表

在国家报刊审读中心的综合质量评审中，《作文指导报》已连续三年名列前茅，并曾获评为全国教辅类报纸文科类第一名。

因为专业，所以优秀

《作文指导报》连续多年押中全国各地中考、高考作文题，在家长、一线老师和其他教育工作者中有着极佳的口碑。

超好玩的小学生语文百科书

作文指导报 第1辑

古代人也有身份证

主　编：李　萌
副主编：郭新印
编　委：马慧珍　周录恒　刘斌霞　刘君杰　张传权
　　　　张定勇　崔矿山　孙　超　程必荣　贺留堂

北京理工大学出版社
BEIJING INSTITUTE OF TECHNOLOGY PRESS

版权专有　侵权必究

图书在版编目（CIP）数据

古代人也有身份证/李萌主编.—北京：北京理工大学出版社，2017.1

（作文指导报）

ISBN 978-7-5682-3425-2

Ⅰ.①古…　Ⅱ.①李…　Ⅲ.①小学语文课-课外读物　Ⅳ.①G624.203

中国版本图书馆CIP数据核字（2016）第294852号

出版发行 / 北京理工大学出版社有限责任公司	
社　　址 / 北京市海淀区中关村南大街5号	
邮　　编 / 100081	
电　　话 / （010）68914775（总编室）	
（010）82562903（教材售后服务热线）	
（010）68948351（其他图书服务热线）	
网　　址 / http://www.bitpress.com.cn	
经　　销 / 全国各地新华书店	
印　　刷 / 北京市兆成印刷有限责任公司	
开　　本 / 710毫米×1000毫米　1/16	
印　　张 / 8	
彩　　插 / 1	责任编辑 / 李慧智
字　　数 / 94千字	文案编辑 / 李慧智
版　　次 / 2017年1月第1版　2017年1月第1次印刷	责任校对 / 周瑞红
定　　价 / 19.80元	责任印制 / 马振武

图书出现印装质量问题，请拨打售后服务热线，本社负责调换

前言

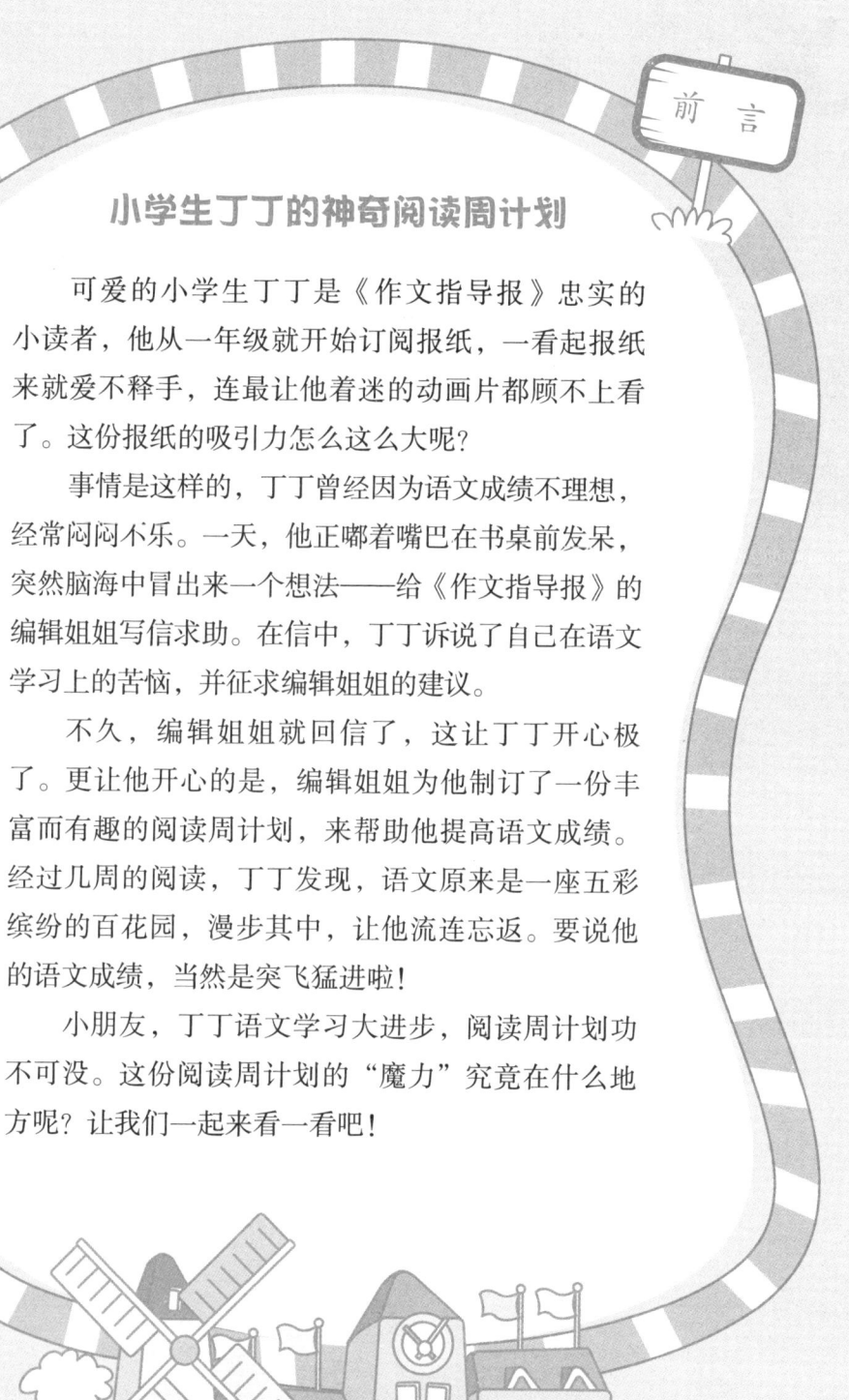

小学生丁丁的神奇阅读周计划

　　可爱的小学生丁丁是《作文指导报》忠实的小读者，他从一年级就开始订阅报纸，一看起报纸来就爱不释手，连最让他着迷的动画片都顾不上看了。这份报纸的吸引力怎么这么大呢？

　　事情是这样的，丁丁曾经因为语文成绩不理想，经常闷闷不乐。一天，他正嘟着嘴巴在书桌前发呆，突然脑海中冒出来一个想法——给《作文指导报》的编辑姐姐写信求助。在信中，丁丁诉说了自己在语文学习上的苦恼，并征求编辑姐姐的建议。

　　不久，编辑姐姐就回信了，这让丁丁开心极了。更让他开心的是，编辑姐姐为他制订了一份丰富而有趣的阅读周计划，来帮助他提高语文成绩。经过几周的阅读，丁丁发现，语文原来是一座五彩缤纷的百花园，漫步其中，让他流连忘返。要说他的语文成绩，当然是突飞猛进啦！

　　小朋友，丁丁语文学习大进步，阅读周计划功不可没。这份阅读周计划的"魔力"究竟在什么地方呢？让我们一起来看一看吧！

编辑姐姐写给大家的话

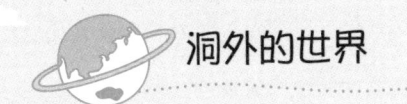

洞外的世界

有一次，丁丁向我提出了这样一个问题："听说世界是一本超级大的地图书，大到我们无法想象。这是真的吗？"

在回答这个问题之前，我先给丁丁讲了一个寓言故事：

有这样一群人，他们从小就居住在一个黑暗的洞穴中，腿脚和脖子都被锁链绑着，身体动弹不得，连头也不能回，犹如囚徒一般。他们的身后烧着火堆，火堆前面有些东西在舞动，被火光照出影子，投影到他们眼前的洞壁上。在这群人眼中，洞壁上的影子就是世界的全部。有一天，其中的一些人碰巧获释，他们慢慢地走出洞穴，惊异地看到外面的光线——阳光，他们终于明白，外面才是真正的世界。

我想告诉丁丁的是：世界真的很大很大，我们只有走出自己狭窄的小天地，扩展视野，才能看到这个精彩纷呈的世界。当然，在你还没有能力去穿山越岭、漂洋过海的时候，你可以通过另一种方式来浏览这个世界，那就是——阅读。在这里，你可以和不同的人交谈，体验不同的经历，欣赏不同的美景，将自己世界的疆域无限放大。

现在，我为丁丁准备了一份"美味"的阅读周计划，这里既有丰富的文史知识、有趣的自然百科，还有精彩的名人故事等，都是小朋友感兴趣的"主题大餐"。

丁丁非常喜欢这份周计划。相信大家也一定会喜欢。

目 录

第1章

仰望星空
"招摇"原是一颗星星

"招摇"原是一颗星星///004
蝗虫大叔的绝活儿///005
幽默的写作秘诀///006
小老鼠寻胡记///008
四季狂想曲///011
数字成语玩不停///013
春色满园///014

丁丁的阅读笔记///017

第2章

时空穿越
古代人也有身份证

古代人也有身份证///020
小白兔的红眼睛///022
唐伯虎推窗///023
小花猪呼呼噜和猫头鹰巫婆///024
我家的大花园（节选）///026
谜语猜不停///028
笑的种子///029

丁丁的阅读笔记///031

第3章

自然传奇
才出生就"老"了

才出生就"老"了 /// 034
太阳的自述 /// 035
看马车的小说家 /// 036
最美森林医生 /// 038
三月桃花水 /// 040
"一"的寿庆会 /// 041
小河里的标点符号 /// 043

丁丁的阅读笔记 /// 045

第4章

星际旅行
面包渣儿流星雨

"推敲"是怎么来的 /// 048
壁虎胶带 /// 050
杜甫名句有"三破" /// 052
面包渣儿流星雨 /// 053
池塘（节选）/// 056
手拉手，做朋友 /// 058
台湾的蝴蝶谷 /// 059

丁丁的阅读笔记 /// 061

第5章

冒险总动员
马哈鱼是旅行家

贴春联有讲究 /// 064

马哈鱼是旅行家 /// 066

托尔斯泰的宽容 /// 067

橘子里的老爷爷 /// 069

冬日香山 /// 072

赏植物，填成语 /// 073

聪明的鹦鹉 /// 075

丁丁的阅读笔记 /// 077

第6章

疯狂动物城
藏在林子里的纵火犯

你会读这些姓吗 /// 080

藏在林子里的纵火犯 /// 081

老舍"磕头" /// 083

幸运狼的噩运 /// 084

和妈妈一起做农妇 /// 086

三谜共一底 /// 088

橙子电池 /// 089

丁丁的阅读笔记 /// 091

第7章

森林奇缘
小熊猫的妈妈是大熊猫吗

"鼻"与"开创"的关系 /// 094
小熊猫的妈妈是大熊猫吗 /// 095
凡尔纳的"写作公司" /// 097
是谁送来了春光 /// 098
柔和的力量 /// 100
成语里的反义词 /// 101
"琵琶"和"枇杷" /// 102
请不要 /// 103

丁丁的阅读笔记 /// 105

第8章

精灵世界
田野是一间大教室

"卖关子"的古今义 /// 108
水杉为何被称为"活化石" /// 110
名画家的误笔 /// 111
面条人的故事 /// 112
田野是一间大教室 /// 114
轻松一刻 /// 116
"爱好"和"喜爱" /// 118

丁丁的阅读笔记 /// 120

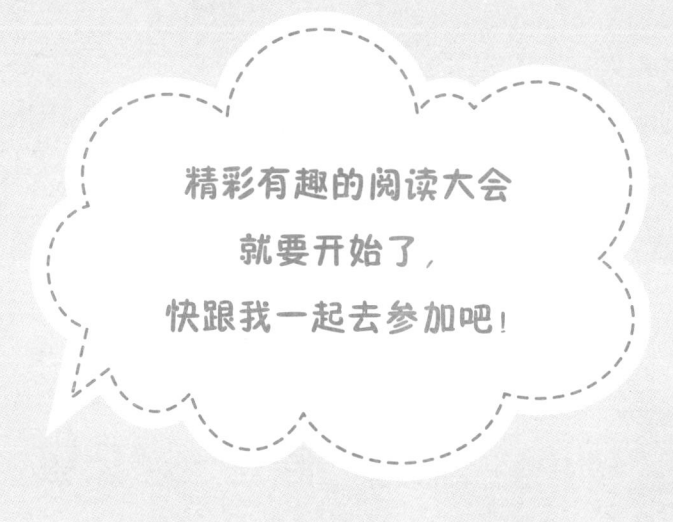

精彩有趣的阅读大会
就要开始了，
快跟我一起去参加吧！

第1章

★ 仰望星空 ★
"招摇"原是一颗星星

　　老师说，阅读可以让我们看到星子以外的广阔世界，可以飞向任何地方，旅行，做梦。我爱阅读，我很快乐。

不可思议

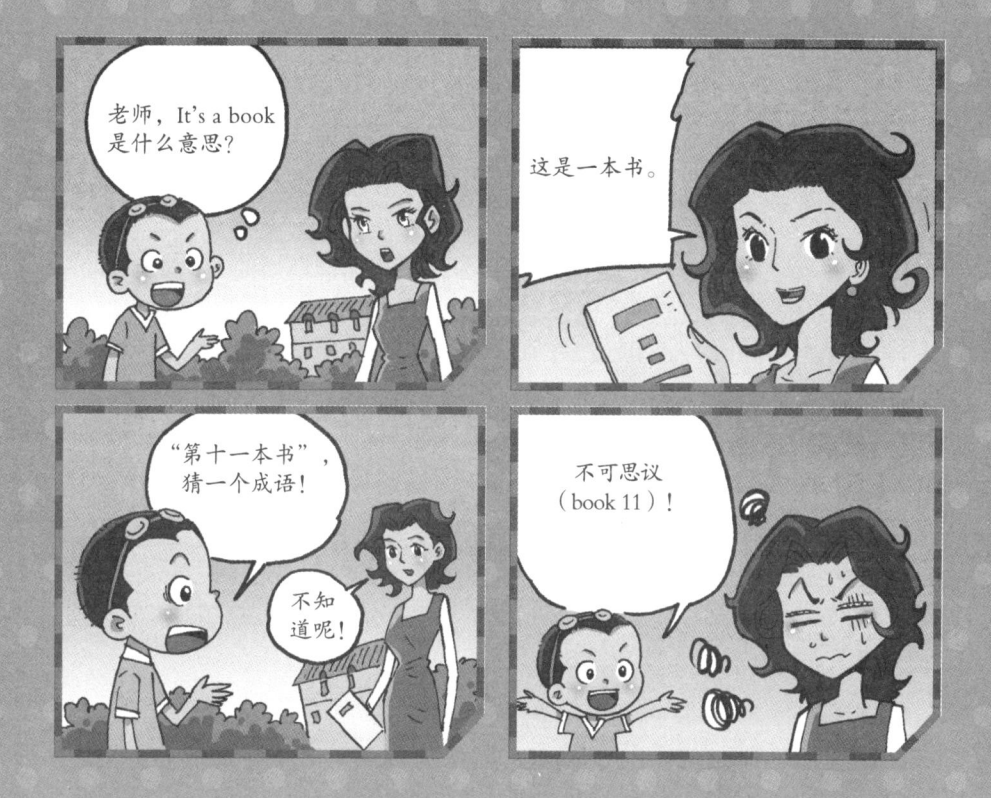

星期一 Mon.

※【文史嬷嬷茶】※

"招摇"原是一颗星星

陈鑫

"招摇过市"这个成语的意思是，故意在公众场合张大声势，引人注意。不过，鲜为人知的是，"招摇"本是一颗星星的名字，可它又怎么演变为炫耀、张扬的意思了呢？

"招摇"是北斗星的第七星，又叫摇光、瑶光或招遥。北斗是由天枢、天璇、天玑、天权、玉衡、开阳、招摇七星组成的，其中第七星"招摇"又被附会为破军星。既为破军，就跟军事有关系。《礼记·曲礼》中有记载："行，前朱雀而后玄武，左青龙而右白虎，招摇在上。""招摇"在这里指的是军队出征时的仪仗。

招摇旗居中而又高高在上，可以想到在旗帜的指引下，千军万马浩浩荡荡开赴前线的盛况。因此"招摇"后来又引申出张扬的意思，"招摇过市"自然就成了一种恢宏气势的象征。

在漫长的语言演变中，"招摇"和"招摇过市"渐渐变成了贬义词，"招摇"的本义也就渐渐被人们忘记了。

星期二 Tues.

【你好！科学】

蝗虫大叔的绝活儿

代晓琴

夏夜，小萤火虫们把草丛公寓照得亮亮的。原来，草丛联欢会开始了。

"我来表演一个绝活儿！"等大家表演完毕，蝗虫大叔不慌不忙地端来一盆水，然后镇定自若地把头埋进水中。

"蝗虫大叔，危险！"台下的小动物们生怕蝗虫大叔被呛住，惊慌失措地尖叫起来。蝗虫大叔没有抬头，仍然把头埋进水中。

过了好一会儿，蝗虫大叔才缓缓地把头从水中抬起来。嘿，他居然安然无恙！

"我这个绝活儿怎么样？"蝗虫大叔微笑着问大家。

"好极了！"台下的小动物们使劲儿鼓掌，"蝗虫大叔真棒！"

"蝗虫大叔，能把你的绝活儿教给我吗？"小田鼠佩服得五体投地。他跑上台，学着蝗虫大叔的样子，也把头埋进水中。

"哎哟……咳咳……"小田鼠刚埋进去一会儿就受不了啦。

"孩子，我的呼吸器官在肚子上，只把头埋进水里不会被淹着。可你的呼吸器官长在头上，把头埋进水里一定会被呛着。"蝗虫大叔赶紧把小田鼠扶起来。

"所以，这个绝活儿只有您才会呀！"小田鼠这才明白过来，对蝗虫大叔竖起了大拇指。

星期三 Wed.

※【名人那些事儿】※

幽默的写作秘诀

何海舟

写作是否有诀窍，答案是肯定的。下面几则关于写作的幽默小故事，就道出了绝妙的写作方法。

"饿着写"和"站着写"

海明威是美国著名的小说家，曾获得诺贝尔文学奖。有位记者向他求教："你作品中的语言如此简洁，请问有何秘诀？"海明威告诉他："有时我饿着写，肚子饿得咕咕直叫也忍着；有时我站着写，而且是用一只脚站着；有时我在寒冬故意只穿一件单衣，一边写一边冻得瑟瑟发抖。这些非常不愉快的感觉使我不得不尽量少写多余的话！"很明显，不吃苦中苦，写作就很难达到至高的境界。

吃一条鲸

美国著名作家马克·吐温曾收到一位初学写作的青年的来信。写信人一直有这样一个困惑：听说鱼骨里含有更多的磷质，而磷补脑，那么要成为一个举世闻名的大作家，就必须吃很多很多的鱼才行，不知道这种说法是否符合实际。他问马克·吐温："您是否吃了很多很多的鱼，吃的又是哪种鱼呢？"马克·吐温在回信中风趣地写道："看来，你得吃一条鲸才行。"这则故事告诉我们：写作不能迷信，它是一项创造活动，必须付出艰辛的劳动，才能写出好作品。

一股泉水

法国著名作家大仲马的写作速度十分惊人，他活到68岁，晚年自称毕生著书1 200部。有人问他："你苦写了一天，第二天怎么还很有精神呢？"大仲马回答："我根本没有苦写过。""那你怎么写得又多又快呢？""我不知道，你去问一股泉水它为什么总是喷涌不尽吧！"可见，当写作成为一种快乐，你的文思妙想便会因你的热情而纷至沓来。

幽默派对

肆无忌惮

点点："朵朵，你怎么了？"
朵朵："老师让听写四个字，我错了五个。"
点点："怪事，哪四个字？"
朵朵："'肆无忌惮'。可我听成了'四五鸡蛋'，觉得不通顺，就改成了'四五个鸡蛋'。"

星期四 Thur.

※【童话城堡】※

小老鼠寻胡记

爱妮德·布莱顿

晚上,小老鼠看到花园里有一团亮光在晃动。他非常好奇,要去看个明白!

那只是泰乐尔先生在烧垃圾。火不够旺,所以泰乐尔先生去屋里拿煤油。

小老鼠溜出了后门,看到小火堆里有个盒子,就连忙去扒拉。他没发觉回来的泰乐尔拿了罐煤油往垃圾堆上浇,呼地一下燃起了大火苗,把小老鼠都吓傻啦!

小老鼠逃出火堆,十分惊恐地跑出花园。后来,他在镜子里一瞧,又恐怖地发起抖来。哎呀,他的胡须被火苗烧得精光!

"我的胡须!"小老鼠惊恐地说。

那晚,可怜的小老鼠睡不着觉,想着该怎么办。

第二天,邻居们惊讶地发现,小老鼠的脸上系着一块手绢。他们以为小老鼠牙痛,都为他难过。

小老鼠来到长鼻子夫人的小别墅。

"长鼻子夫人,我弄丢了我的胡须,"小老鼠说,"您能给我一些新胡子吗?"

"那就从我家猫的胡子里拔一些吧，"长鼻子夫人说，"不过你得给我干一星期的活才行。"

"那好吧。"小老鼠叹了口气。

清晨，小老鼠早早地起床生火，打扫小别墅，然后劈一小时柴火。做这些活儿时，他还得时刻提防长鼻子夫人的猫。

一天晚上，小老鼠正好好地在厨房睡觉，突然听到那猫冲着长鼻子夫人呜呜地叫。

那是长鼻子夫人要剪猫几根漂亮的胡须给小老鼠。小老鼠已经干了一周的活，明天应该付给他六根猫胡须的报酬了。

长鼻子夫人剪了六根猫胡须，把它们放在盒子里，准备第二天早晨给小老鼠安上，然后就去睡觉了。但是那猫气坏了！他进了厨房，在碾墩下面嗅到了小老鼠的气味。他伸出一只爪子，想把吓坏了的小老鼠抓出来。

"只要我看见你戴我的胡须，我就吃掉你！"猫儿得意扬扬地转身离去了。

可怜的小老鼠想："不能留在这儿了。那猫那么愤怒，是因为我要得到他的胡须。"

小老鼠等猫睡着了，就慌张地逃命了。

他不想回家，人们看到他包着脸会感到多奇怪啊！他藏在土沟里，打算天一亮就开始赶路。

有人路过这儿听到了哭声，便停下来瞧瞧灌木丛下边。那人是个巫婆，看到小老鼠这样伤心，也觉得很难过。

小老鼠见巫婆好心，就向她说了自己的遭遇。

"到我家里，帮我做两星期的魔法，"巫婆说，"然后我给你做一缕美丽的胡须，用魔法安上去，那样烧也烧不坏。"

小老鼠一听满心欢喜，跟着巫婆来到她家，帮她做魔法。

两周过去了，巫婆对小老鼠笑笑："你表现得很好，小老鼠，现在我要给你安新胡须。到我跟前来。"

"取下你脸上的手绢，让我给你安胡须，"巫婆说，"一点儿不会伤害你。"

欣喜的小老鼠解开手绢，把棕色的小脸转向巫婆。巫婆盯着他瞧，又睁大眼睛瞧瞧，然后大笑起来。小老鼠很纳闷儿，怎么回事呢？

"哈，小老鼠！"巫婆说，"你根本不需要安胡须！快到镜子前面瞧瞧自己吧。"

小老鼠跑到镜子前——啊，他的小脸上有一缕精美的胡须！——这是从哪里来的啊？

"哦，你这小傻老鼠！胡须烧坏了会再长出来的啊！"巫婆哈哈大笑，"你给长鼻子夫人做了一星期的工，又到这里帮我做了半个月的活——其实你根本不需要这样，因为你那可爱的新胡须在手绢下面长出来了！"

小老鼠高兴极了，但也感到不是滋味。当人们听到这事儿时，会怎么笑话他呀！

星期五 Fri.

※【倾听小美文】※

四季狂想曲

春

四月中的细雨，忽晴忽落，把空气洗得怪清凉的。嫩树叶儿依然很小，可是处处有些绿意。含羞的春阳只轻轻的，从薄云里探出一些柔和的光线，地上的人影、树影都显得很微淡的。野桃花开得最早，淡淡的粉色在风雨里摆动，好像媚弱的小村女，打扮得简单而秀美。

（老舍《二马》）

夏

沿路的景物真不坏，江南的仲夏，原是一幅天上乐园的景色。一路上没有一块荒土，都是绿的稻，绿的树，绿的桑林。偶然见些池塘，也都有粗大的荷叶与细小的菱叶浮泛在水面。

（郑振铎《鸟》）

秋

我们上了半山亭，朝东一望，真是一片好景。莽莽苍苍的河北

古代人也有身份证

大平原就摆在眼前，烟树深处，正藏着我们的北京城。也妙，本来也算有点气魄的昆明湖，看起来只像一盆清水。万寿山、佛香阁，不过是些点缀的盆景。我们都忘了看红叶。红叶就在高头山坡上，满眼都是，半黄半红的，倒还有意思。可惜叶子伤了水，红的又不透。要是红透了，太阳一照，那颜色该有多浓。

（杨朔《香山红叶》）

冬

北风呼呼，吹得脸发疼，我常常看见松树、竹子和蜡梅，它们挺立在寒风中，神气得很。祖母告诉我，它们是"岁寒三友"。我从小喜欢松、竹、梅，它们不怕严寒霜雪，它们是三个勇敢的朋友。我不怕冷，不愿意老坐在屋子里的炭盆边烤火，喜欢在外面奔跑，或坐在椅子上晒晒太阳。冬天的太阳格外温暖。

（高士其《四个春秋》）

快乐诗园

倒影

【美国】谢尔·希尔福斯特

每当我看到水中，
那个家伙头朝下，
就忍不住冲他笑哈哈，
但我本不该笑话他。
也许在另一个世界，
另一个时间，
另一个小镇，
稳稳站着的是他，
而我才是大头朝下。

【玩转语文】

数字成语玩不停

余闻

下面含有数字的多字词句也是成语。请你把它们的后半部分补上，使之完整。

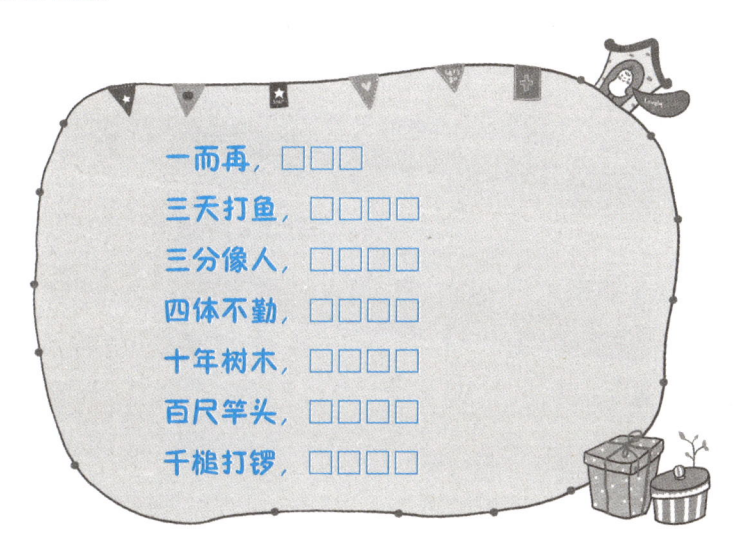

一而再，□□□

三天打鱼，□□□□

三分像人，□□□□

四体不勤，□□□□

十年树木，□□□□

百尺竿头，□□□□

千槌打锣，□□□□

【参考答案】

一而再，再而三　三天打鱼，两天晒网　三分像人，七分像鬼　四体不勤，五谷不分　十年树木，百年树人　百尺竿头，更进一步　千槌打锣，一锤定音

星期日 Sun.

※【毛头大练兵】※

春色满园
佚名

又是一年春来早，在这阳光明媚、万物复苏的季节里，青的草，绿的叶，各种色彩鲜艳的花，都像赶集似的聚拢来，形成了光彩夺目的春天。伶俐可爱的小燕子从南方赶来了，加入这百花争艳的盛会，为春光增添了许多生趣。你也想加入这春天的盛会吗？那么走吧！

第一关　春色

春色满园关不住，一枝红杏出墙来。

（1）"杏"由"木"和"口"组成，请你变换一下它们的位置，写三个汉字："口"在"木"上是＿＿＿＿，"口"在"木"外是＿＿＿＿，"口"在"木"中间是＿＿＿＿。

（2）想一想关在墙里的可能还有什么？选择合适的词填在〇里。

松竹梅是"岁寒三友"，
〇〇杏是"春风一家"。

第二关　燕子

燕子是春天的象征，没有燕子春天就不完整，辨析"燕"字：

"燕"＝廿＋北＋口＋灬

"廿"＿＿＿天，从小燕子出壳到会飞的时间。

"北"指＿＿＿，春天，燕子从南方回来，是往北飞。

"口"表示城市的平面形状，燕子爱在人家的屋檐做巢。

"灬"是汉字＿＿＿的变形，形容春天气候已经很温暖了。

合起来看，"燕"就是一只飞翔的燕子，"廿"就是张开＿＿＿的头；"北"就是左右两只＿＿＿；"口"就是它的＿＿＿；而"灬"就是它的长长的＿＿＿。

第三关　节气

立春下雨到清明

惊蛰闻雷米似泥

雨水连绵是丰年

清明早，立夏迟，谷雨正当时

春分前好布田，春分后好种豆

农谚里提到了春季的六个节气，按照从先到后的顺序，分别是：

（　　）——（　　）——（　　）——（　　）

（　　）——（　　）

第四关　歌唱

　　春天在哪里呀

　　春天在哪里

　　春天在那小朋友眼睛里

　　看见红的花

　　看见绿的草

　　还有那会唱歌的小黄鹂

（1）你认识逗号（，）、句号（。）和问号（？）吗？请你把这三种符号添在每句的后面吧！

（2）说"春天"在"小朋友眼睛里"是因为他们的眼睛看见了_____。

【参考答案】

第一关
（1）关 图 禾 （2）捉 春

第二关
20 为 句 火 口 鹅腿 身体 耳巴

第三关
立春 雨水 惊蛰 春分 清明 谷雨

第四关
（1）？，，。。。（2）红的花，绿的草，会唱歌的小黄鹂

丁丁的阅读笔记

　　我最喜欢仰望星空了，蓝丝绒般的夜幕中缀满了可爱的小星星，一闪一闪的，好看极了。以前都不知道它们也有名字，直到我读了星期一的那篇文章《"招摇"原是一颗星星》。我这才知道成语"招摇过市"中的"招摇"，其实是北斗星第七星的名字。这真是太不可思议了。

　　那天晚上，我把这个小知识讲给爸爸听，爸爸伸出大拇指对我说："真棒！"我当时可开心啦。睡觉前，爸爸还给我讲了一个关于月亮的童话：月亮是一块香喷喷的蛋糕，是太阳公公为星星们亲手烤制的爱心晚餐。当夜晚来临的时候，馋嘴的星星们就会分享月亮这块好吃的蛋糕……

第 2 章

★ 时空穿越 ★
古代人也有身份证

在我的眼中，每一个清晨都是美妙而多彩的：想象的魔法棒开始挥舞，梦的白鸽振翅飞翔，全新的一天就要开始了……

你自己能吗

今天的家庭作业是造句，大家充分发挥自己的想象力吧！
走马观花？是什么意思？
有了！我的一位朋友能用“走马观花”来造句。
老师批语：那么，请问你自己能吗？
S

星期一 Mon.

【文史嬷嬷茶】

古代人也有身份证
周礼

身份证并非现代独有，早在战国时期就已经出现了。商鞅变法时，秦国推出了照身帖，以验证秦人的身份，防止间谍入侵。所谓照身帖，就是一种经过打磨的竹块，上面刻着持有人的相关信息，诸如，头像和籍贯等，跟我们今天使用的身份证十分相似。

汉和隋基本上沿袭了秦时的制度，用"竹使符"作为官员的身份证明。而到了唐朝，李渊对"身份证"进行了改革，发明了"鱼符"。据《新唐书·车服志》载："附身鱼符者，以明贵贱，应召命。"可见，"鱼符"一方面代表了一个人的身份和地位，另一方面也方便皇帝召见时验明正身。"鱼符"形若鱼状，上面凿有小孔，可以随身佩带，背面刻着官员的姓名、任职衙门及官位品级等。根据官员的职位大小，"鱼符"所采用的材质也不一样，亲王和三品以上的官员，使用的"鱼符"为黄金制造；五品以上的官员，使用的"鱼符"为白银制造；六品以下的官员，使用的"鱼符"为黄铜制造；而地位更低的，则为木头制造。"鱼符"通常分为左右两块，左符放在内廷，作为存根，右符交由官员使用，具有一定的防伪作用。同时，五品以上的官员还配有"鱼袋"，专门用来装"鱼符"的，也可作防伪之用。武则天称帝后，将"鱼符"改为"龟符"，但其作用并未改变，同样分为三等：金龟、银龟和铜龟。金龟为三品以上官员，地位非常高，金龟婿的称谓就是由此而来。

到了宋朝，赵匡胤嫌"鱼符"太麻烦，索性废弃了，官员直接使用"鱼袋"，以上面的金银饰品及颜色区分官级，主要以"金紫"和"银绯"为贵。

到了明朝，官员的"身份证"又发生了变革，开始使用轻便、美观的"牙牌"。"牙牌"一般是用象牙、兽骨、木材、金属等制成的片，上面刻有持牌人的姓名、职务、履历以及所在的衙门等相关信息。陆容的《菽园杂记》载："凡在内府出入者，无论贵贱皆悬牌，以避嫌疑。"此时的"身份证"，已不仅仅限于官员使用，其他出入内府的人也必须佩带。

到了清朝，官员的"身份证"又变为顶戴花翎，其帽珠用宝石、珊瑚、水晶、玉石、金属等制成。一品为红宝石，二品为珊瑚，三品为蓝宝石，四品为青金石，五品为水晶，六品为砗磲，七品为素金，八品为阴纹镂花金，九品为阳纹镂花金，无顶珠者无官品。除此之外，一些特殊的从业者也有"身份证"，比如僧人，他们有"戒牒"，凭此牒可以化缘和筹善款。

当然，古代的"身份证"并非真正意义上的身份证，真正意义上的身份证诞生于1936年，那是当时的宁夏省政府用于管理居民的证件，用白布做成，长7厘米，宽3厘米，上面写有持有人的姓名、年龄、籍贯、职业、身高、面貌、特征以及手纹箕斗形状等，是我国最早使用的居民身份证。

如今的身份证，已不再是特权者的专属，而是我们普通老百姓的一个身份证明，体现了人人平等的原则。

（摘自《百家湖》）

星期二 Tues.

【你好！科学】

小白兔的红眼睛

程谱

小猴跳跳和小白兔聪聪在树林里捉迷藏。

聪聪藏进了一个大树洞里，她想这下跳跳肯定找不到了吧，可是还不到五分钟就被机灵的跳跳逮了个正着。

聪聪觉得自己真没用，难过极了，大声地哭了起来。

跳跳急了，赶紧去哄："兔妹妹，别哭了好不好？瞧，把眼睛都哭红了，不好看了哦。"

"聪聪，怎么哭了？"路过的象博士上前问道。

"都是我不好，惹兔妹妹哭红了眼睛。"跳跳低着头说。

"哭红眼睛？聪聪的眼睛可不是哭红的。"象博士笑着说，"小白兔的眼睛其实是无色透明的，只是眼睛里的毛细血管反射了外来光线，才呈现出鲜艳的红色。红色其实是血液的颜色。反射的光线越强烈，红色就会越鲜艳。"

聪聪听得入了神，小脸上还挂着金豆豆呢！

星期三 Wed.

【名人那些事儿】

唐伯虎推窗

佚名

明朝大画家唐伯虎，小时候便很喜欢画画。他的母亲见儿子很有天赋，就把他送到大画家沈周门下学习深造。沈周见小唐伯虎聪明伶俐，便收他做了徒弟。

唐伯虎学了一年之后，偷偷地把自己的画和老师的画比了比，自感不相上下，就不想再学下去了。于是，他向老师提出了回家孝敬老母的请求。

沈周看出了唐伯虎的自满情绪，就叫妻子做了几样菜，然后和唐伯虎坐在一间小屋里一边饮酒，一边聊天。沈周问："你学画画有一年了，是不是想家了？"唐伯虎连连点头。

沈周说："你的画本来画得就不错，现在又学习一年了，可以出师了。"唐伯虎高兴得赶紧拱手施礼："感谢老师的栽培。"

沈周笑了笑，说："这酒喝得我全身发热，你去把窗户推开，咱们凉快凉快吧。"

唐伯虎起身走到窗前，刚要动手推窗，却发现墙壁上的窗户是老师画上去的，画得是那样逼真，让他一直以为那是真的。

唐伯虎自知画技与老师相差甚远，就要求留下来继续学画。

星期四 Thur.

※【童话城堡】※

小花猪呼呼噜和猫头鹰巫婆

伊明

小花猪呼呼噜特别爱幻想。他每天吃饱了，喝足了，在进入梦乡之前，都要幻想好一阵子——

他幻想自己成了国王，还幻想自己遇到了一位漂亮的公主，并且拥有一座宏伟的城堡……

呼呼噜听说树林里有一位猫头鹰巫婆拥有神奇的魔法，只要一念咒语，就能让人们实现自己的愿望。

呼呼噜找到猫头鹰巫婆，说："猫头鹰奶奶，请让我的幻想都变成现实，让我享受一下幻想的成果吧！"

猫头鹰巫婆说："我当然能满足你的愿望。我念完咒语，你回去试试吧。"

"嘛米么，米嘛么，嘛嘛米么……"猫头鹰巫婆念起了咒语。

咒语一念完，呼呼噜就像离弦的箭似的跑回了家。

他躺在床上，想象自己有一座宏伟的城堡。

果然，一座城堡出现在他的面前。

他想，城堡里应该有许多漂亮的家具。

果然，每个房间都摆放着崭新的家具。

他想，每个柜子里都放着新奇有趣的玩具和好吃的东西。

果然……

很快，呼呼噜想要的东西都出现在了城堡里。他停止了幻想，想下床享受一下自己幻想的成果。

可是，他的脚刚一接触到地面，城堡、家具、玩具，还有好吃的东西，一下子都消失得无影无踪了。

呼呼噜又试了几次，每次都是如此。

呼呼噜很失望，就去找猫头鹰巫婆。

猫头鹰巫婆说："只能是这样。你在幻想中创造出来的东西，只能在幻想中享用。只要你的脚接触到地面，那些东西就会消失，即使再有魔力的咒语也帮不了忙。"

猫头鹰巫婆看着垂头丧气的呼呼噜说："你要享受实实在在的东西，只能脚踏实地地去创造。你用一砖一瓦造的房子，你用一点一滴的努力积累下来的财富，再厉害的咒语也不能使它们消失……"

猫头鹰巫婆看着若有所思的呼呼噜，接着说："这是我教你的最有用的咒语，你懂了吗？"

呼呼噜离开了猫头鹰巫婆，坐在一棵大橡树下，手托着下巴，自言自语道："我是应该像猫头鹰奶奶说的那样，在现实世界中努力实现我的愿望，还是继续我的幻想呢？"

小朋友，你说呼呼噜该怎么做呢？

【倾听小美文】

我家的大花园（节选）

萧红

我家有一个大花园，这花园里有蜂子、蝴蝶、蜻蜓、蚂蚱，样样都有。蝴蝶有白蝴蝶、黄蝴蝶。这种蝴蝶极小，不太好看。好看的是大红蝴蝶，满身带着金粉。

蜻蜓是金的，蚂蚱是绿的，蜂子则嗡嗡地飞着，满身绒毛，落到一朵花上，胖圆圆的就和一个小毛球似的不动了。

花园里边明晃晃的，红的红，绿的绿，新鲜漂亮。

……

太阳在园子里是特大的，天空是特别高的，太阳的光芒四射，亮得使人睁不开眼睛，亮得蚯蚓不敢钻出地面来，蝙蝠不敢从什么地方出来。凡是在太阳下的，都是健康的、漂亮的，拍一拍连大树都会发响的，叫一叫就是对面的土墙都会回答似的。

花开了，就像花睡醒了似的。鸟飞了，就像鸟上天了似的。虫子叫了，就像虫子在说话似的。一切都活了。都有无限的本领，要做什么，就做什么。要怎么样，就怎么样。都是自由的。倭瓜愿意爬上架就爬上架，愿意爬上房就爬上房。黄瓜愿意开一朵黄花，就开一朵黄花，愿意结一个黄瓜，就结一个黄瓜。若都不愿意，就是一个黄瓜也不结,一朵花也不开,也没有人问它。玉米愿意长多高就长多高,它若愿意长上天去,也没有人管。蝴蝶随意地飞,一会儿从墙头上飞来一对黄蝴蝶。它们是从谁家来的,又飞到谁家去?太阳也不知道这个。

只是天空蓝悠悠的,又高又远。

快乐诗园

倾听春天
金波

房檐上的积雪化了,
春姑娘摇响了雨铃。
天空飞过雁阵,
湖水睁开了亮眼睛。

我听见蚯蚓在耕耘,
我听见蒲公英在播种。
蛋壳裂开了,
小鸟呼唤着母亲。

树枝上绽开新芽,
远远近近一片绿蒙蒙,
啄木鸟飞来飞去,
在为每一棵大树叩诊。

在热闹中,在宁静中,
我听见春天已经来临。

星期六 Sat.

※【玩转语文】※

谜语猜不停

佚名

（一）

说它是马就是马，穿着条纹花布衫，
把它请进动物园，大人小孩争看它。
（打一哺乳动物）

（二）

说像糖，它不甜。
说像盐，又不咸。
冬天有时一大片，
夏天谁都看不见。
（打一自然现象）

【参考答案】

斑马（一）雪（二）

星期日 Sun.

【毛头大练兵】

笑的种子
李广田

笑的种子发了芽，
笑的种子又开了花，
花开在颤着的树叶里，
也开在路旁的浅草里。

尖塔的十字架上
开着笑的花，
飘在天空的白云里
也开着笑的花。

播种者现在何方呢，
那个流浪的小孩子？
永记得你那偶然的笑，
虽然不知道你的名字。

古代人也有身份证

【练习提升】

1. 在括号里填上合适的词语。

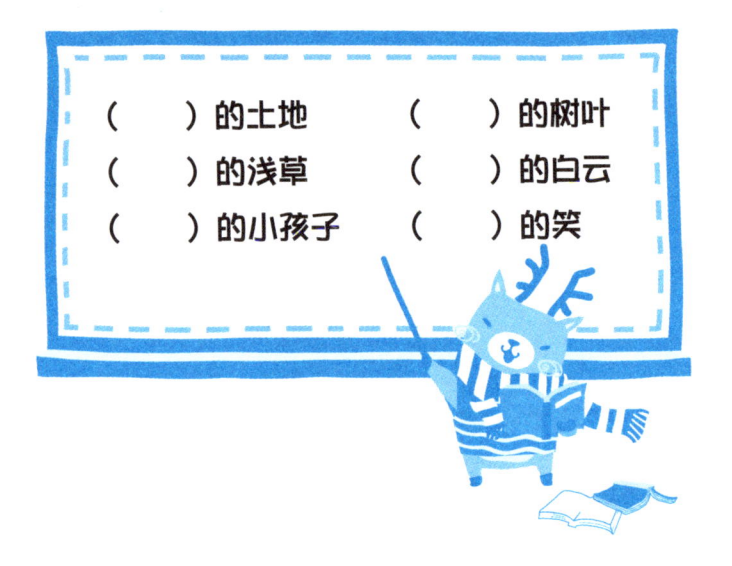

（　）的土地　　（　）的树叶
（　）的浅草　　（　）的白云
（　）的小孩子　（　）的笑

2. 作者在哪里发现了笑的种子？你读懂了吗？
3. 你发现笑的种子了吗？你来试着写一小节吧。
4. 生活中，你快乐吗？你会在哪里找到快乐？

【参考答案】

1.（黄黄）的土地（翻卷）的树叶（嫩绿）的浅草（天空）的白云（顽皮）的小孩子（甜甜）的笑
2. 作者在翻卷的树叶里，在嫩绿的浅草里，在光滑的土地上，在天空的白云里，发现了笑的种子。
3. 略
4. 略

丁丁的阅读笔记

"蜻蜓是金的,蚂蚱是绿的,蜂子则嗡嗡地飞着,满身绒毛,落到一朵花上,胖圆圆的就和一个小毛球似的不动了。"这是我从萧红奶奶的《我家的大花园》里摘抄的句子。

读着读着,我仿佛回到了乡下的奶奶家。

小时候,我常在奶奶家的院子里玩,和小伙伴们一起捉蝴蝶、捕蜜蜂,玩过家家,自由自在,可快活了。

记得奶奶家的院子里还种着西红柿、黄瓜、茄子、扁豆、辣椒等各类蔬菜,看着这些红彤彤、绿油油、黄灿灿的小家伙们朝我微笑,我总是欢快地拍着手蹦啊跳啊,高兴极了。那种感觉真好!

第 3 章

★ 自然传奇 ★
才出生就"老"了

从今晚起，我再也不怕一个人睡觉了。因为我知道，爸爸妈妈的爱在为我站岗，还有我脑海中的小精灵们在陪我做梦。

卧虎藏龙

咱们班可真是卧虎藏龙啊!
那是当然，光是我就占了龙跟虎。
你算什么龙跟虎?
不信，我给你出个题，你肯定答不上来。
为什么小明拒绝用“一边……一边……”来造句?
!
因为老师说“一心不能二用”!

星期一 Mon.

【文史嬷嬷茶】

才出生就"老"了

周宏

强强很喜欢小动物。听说动物园里虎妈妈下崽了，星期天就缠着爸爸带他去看看。

到了动物园的虎山，正巧管理员叔叔正在给小虎崽投放食物。叔叔告诉小强："这只老虎才出生几天，胃口好着呢。"

"不对，"强强纠正说，"才出生几天，怎么就'老'了呢？该叫小虎啊！"

叔叔被逗笑了："对啊，我只能叫你小朋友，总不能叫你老朋友吧！"

爸爸故意和强强较真："那么，要等它长到多大，才能叫'老虎'呢？"强强被难住了。回到家，强强连忙打开字典。这才明白，"老"的意思多着呢！年岁大叫老，像"老人""老树"；过去有过的，也可以叫老，像"老朋友""老办法"等。这两个意思我们都很清楚，但是还有一个用法我们平时忽略了。"老"还可以缀在一些名称的前面，没有实际意义，但是多一个音节，读起来顺口一些，像"老鼠""老虎""老王"等。类似的用法还有"阿姨""阿哥""阿飞"中的"阿"，"小说""小王"中的"小"，等等。

强强明白了组词方式中的这种前附加的情况，高兴地说："下次再去动物园，我和管理员叔叔，还有小老虎，都是'老朋友'啦。"

星期二 Tues.

❋【你好！科学】❋

太阳的自述

佚名

嗨！大家好！我是地球的母亲——太阳。我有好多个卫星：地球、木星、金星、水星、火星、土星、天王星、海王星等。

我会发光、发热，是个大火球。我的表面温度有6 000摄氏度，中心温度是表面温度的3 000倍。我已经50亿岁了，我的火焰再烧50亿年也没问题。

别看平时我像个盘子，其实130万个地球才等于我呢！我每秒钟向地球释放着相当于1 000亿个百万级核弹的能量。小朋友们，如果你们让我生气了，可要注意后果哟——知道吗？我也会感冒呢！科学家把太阳风暴叫作打"喷嚏"，只要我一"感冒"，我的儿子——地球往往会发"高烧"。

说起地球的美景呀，那人类可要谢谢我啦！为什么呢？因为有了我，地球上的植物和庄稼才能发芽、开花、结果；鸟、兽、鱼、虫才能生存、繁殖。没有了我，这些美景、这些生灵便不会存在。

我的光有杀菌的能力，人类可以利用我的光线来预防、治疗疾病。地球上的光明与温暖都是我送来的。如果没有我，地球将永远是黑暗，到处是寒冷。没有风、雪、雨、露，没有花、草、树、木，没有鸟、兽、鱼、虫，自然也不会有人。一句话，没有了我，就没有了地球上的万物！

星期三 Wed.

【名人那些事儿】

看马车的小说家

孙祥虎

莫泊桑是法国著名的小说家。他开始学习写作时，虽然读了不少书，可一写出来，自己总觉得在写人、状物等方面不够形象、生动。于是，他来到当时著名的小说家福楼拜家中，请求福楼拜给予指导。

"这主要原因是你的功夫还不到家。"福楼拜直截了当地说。

"怎样才能使功夫到家呢？"莫泊桑急切地问。

"要吃苦、勤练！"福楼拜说，"这样吧，你仔细观察一下每天从家门前经过的马车，将你看到的情况详细记录下来，让我看看。"

第二天，莫泊桑按照福楼拜的话去做。他整整两天盯着来来往往的马车，但是什么也没看出来，那么单调，有什么好写的呢？于是，他又跑去请教福楼拜。

"怎么能说没什么东西好写呢？"福楼拜说，"晴天马车是怎么走的？雨天又是怎么走的？上坡、下坡时马车怎样走？还有在暴风雨中、在烈日下赶车人的表情各是什么样的？你看看，这还单调吗？……"一个个问号在莫泊桑的脑海中打下了深刻的烙印。

从此，莫泊桑天天站在大门口，全神贯注地观察过往的马车，从中他获得了丰富的写作材料，这为他后来成为一名大作家打下了坚实的基础。

同学们，从莫泊桑身上你学到了什么？

是啊！要想写出好的作文，怎能离开仔细观察呢？观察时，一定要细致。如果像莫泊桑第一次看马车那样，不动脑筋，不多思考，结果只能是白费工夫。观察越细致，写出的东西就越生动、越形象。不信你试试！

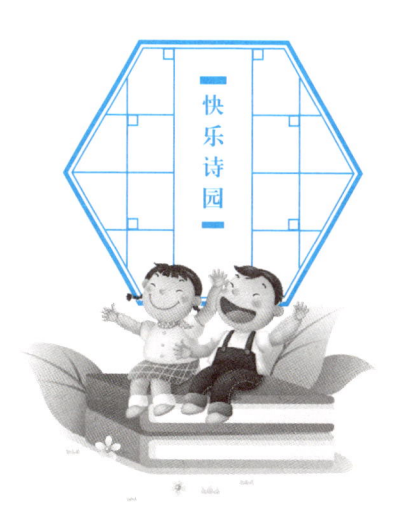

快乐诗园

漂水花
余光中

在清浅的水边俯寻石片
你说，这一块最扁
那撮小胡子下面
绽开了得意的微笑
忽然一弯腰
把它削向水上的童年
害得闪也闪不及的海
连跳了六、七、八跳
你拍手大叫
摇晃未定的风景里
一只白鹭贴水
折翅而去

（选自《蓝星诗刊》）

星期四 Thur.

※【童话城堡】※

最美森林医生

李奇钊

森林里住着两位森林医生，一位是啄木鸟默默，一位是啄木鸟蜇蜇。

蜇蜇给树看病时，总会把树洞啄得大一些、深一些，作为给这棵树看过病的记号。

默默则不同，他给树看病，总是尽量避免在自己的患者——树身上留下大的伤疤——树洞。

有一天，森林里选举"最美森林医生"，默默和蜇蜇都报了名。调查员麻雀根据蜇蜇之前给树木看病留下的记号，总结汇报说："三年来，蜇蜇一共治愈了三万八千棵树，医术高明，成绩显而易见。默默因为没有留下给树看病的记录，无据可查。所以，我建议评选蜇蜇为'最美森林医生'。"

很多鸟儿随声附和，结果蜇蜇顺利荣获了"最美森林医生"的称号。

可是，就在为蜇蜇颁发荣誉证书的那天，"最美森林医生"评审委员会收到了与评审有关的两封信。

其中一封信的内容是——

尊敬的评审员：

　　我们不同意蜚蜚当选"最美森林医生"。因为蜚蜚当初给我们看病时留下了明显的伤疤记号——大树洞（至今没有痊愈），害我们失去了很多"就业"机会。本来应该成为大厦栋梁的我们，现在只能被锯成木板或碎末儿，做成一些廉价的家具，有些兄弟甚至被当作废品丢弃了。由此看来，蜚蜚的医术不精、医德低下，根本不配当"最美森林医生"！

三万八千棵树
×年×月×日

　　另一封信的内容是——

尊敬的评审员：

　　我们认为默默是当之无愧的"最美森林医生"。

　　他帮我们治愈了各种疾病，医术精湛，而且没有给我们留下任何伤疤。经过他的治疗，我们身体健康，精神饱满……我们发自内心地希望评审委员会能够将"最美森林医生"的荣誉称号授予默默。

十万棵森林大树
×年×月×日

　　"最美森林医生"评审委员会的工作人员看到这两封信后，觉得事关重大，决定重新调查取证，然后再颁奖。

　　一个月后，经过调查取证和认真研究，"最美森林医生"评审委员会一致决定：取消蜚蜚的获奖资格，将"最美森林医生"这一荣誉授予医术高超、心灵美好的啄木鸟默默！

星期五 Fri.

【倾听小美文】

三月桃花水

刘湛秋

是什么声音,像一串小铃铛,轻轻地走过村边?是什么光芒,像一匹明洁的丝绸,映照着蓝天?

啊,河流醒来了!三月的桃花水,舞动着绚丽的朝霞,向前流淌。有一千朵樱花,点点洒在了河面;有一万个小酒窝,在水中回旋。

三月的桃花水,是春天的竖琴。每一条波纹,都是一根轻柔的弦。那细白的浪花,敲打着有节奏的鼓点;那忽大忽小的水波声,应和着田野上拖拉机的鸣响;那纤细的低语,是在和刚刚从雪被里伸出头来的麦苗谈心;那碰着岸边石块的叮咚声,像是大路上车轮滚过的铃声;那急流的水浪声,是在催促着村民们开犁播种啊!

三月的桃花水,是春天的明镜。它看见燕子飞过天空,翅膀上裹着白云;它看见垂柳披上了长发,如雾如烟;它看见一群姑娘来到河边,水底立刻浮起一片片花瓣;它看见村庄上空,很早很早,就升起了袅袅炊烟……

比金子还贵啊,三月桃花水!比银子还亮啊,三月桃花水!

呵,地上草如茵,两岸柳如眉。三月桃花水,叫人多沉醉。

啊!掬一捧,品一口,让这三月的桃花水盛满我们心灵的酒杯。

(选自《名家写景100篇》)

星期六 Sat.

【玩转语文】

"一"的寿庆会

佚名

　　字词村的老寿星"一"决定举办个隆重的寿庆会。为此，"一"广发邀请函，声称谁能"研读"出它的新意，谁就将作为贵宾被请进豪华餐厅，与它共进晚餐。

　　转眼间，寿庆日到了。"一"颤巍巍地走进豪华餐厅，一下子傻眼了。它原本以为有资格作为贵宾的应该寥寥无几，没想到竟来了十位。"这里面一定有来混吃混喝的，我得把它们请出去。"于是，"一"在首席坐定后，就对其中一位说："你研读出我的什么新意了？如实说来。"

　　"我认为你有表示第一的意思，比如'首屈一指'里的你。"

　　"你呢？""一"问另一位。

　　"我认为你可以解释为'一下子'，比如'一举成名'里的你。"

　　"你呢？""一"问左边的第一位。

　　"你有'统一'的意思，比如'言行一致'里的你。"

　　"你呢？""一"问右边的第一位。

　　"你可以表示'每一个'，比如'一字千金'里的你。"

古代人也有身份证

"你呢?""一"问左边的第二位。

"在'万众一心'这个词语里,你表示'同一'。"

"你呢?""一"问右边的第二位。

"还表示专一的意思,比如'一心一意'里的你。"

"你呢?""一"问对面的那位。

"表示极少的意思,比如'一知半解'里的你。"

"你呢?""一"问斜对面的那位。

"表示短暂的意思,比如'昙花一现'里的你。"

"那你们二位呢?""一"问剩下的两位。

"你有'都、全'的意思,比如'一如既往'里的你。"这位刚说罢,那最后一位就接上了:"你还有先做动作,然后说明结果的意思,比如'一哄而散'里的你。"

问了一遍,竟没有一个冒牌的。"一"哈哈一笑,说:"诸位研读得很好,都是名副其实的贵宾啊!来,我们共同举杯。"

贵宾们纷纷举起了酒杯,"一"的寿庆会正式开始了……

亲爱的小朋友,你知道下面成语中"一"的含义吗?

一劳永逸 整齐划一 一成不变 不屑一顾
一泻千里 一塌糊涂 一本万利 一字一珠
千篇一律 一穷二白

星期日 Sun.

※【毛头大练兵】※

小河里的标点符号

胡鹏南

春天的小河里，
有好多标点符号：
一群乌黑的小蝌蚪，
那是可爱的逗号；
鱼儿吐出的水泡泡，
那是漂亮的句号；
春雨淅淅地洒在水上，
变成了无数的省略号。
还有的我暂时不说，
留下来请大家去找。
只要在河边仔细观察，
一定能找到新的标点符号。

（选自《现代诗歌选》）

古代人也有身份证

【赏析】

把春天小河里的小蝌蚪说成是逗号,鱼儿吐出的水泡泡说成是句号,而跌落在水面的淅淅春雨又是无数的省略号——诗人的想象力真是丰富极了。

【你来做诗人】

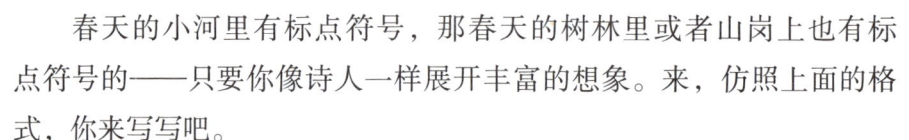

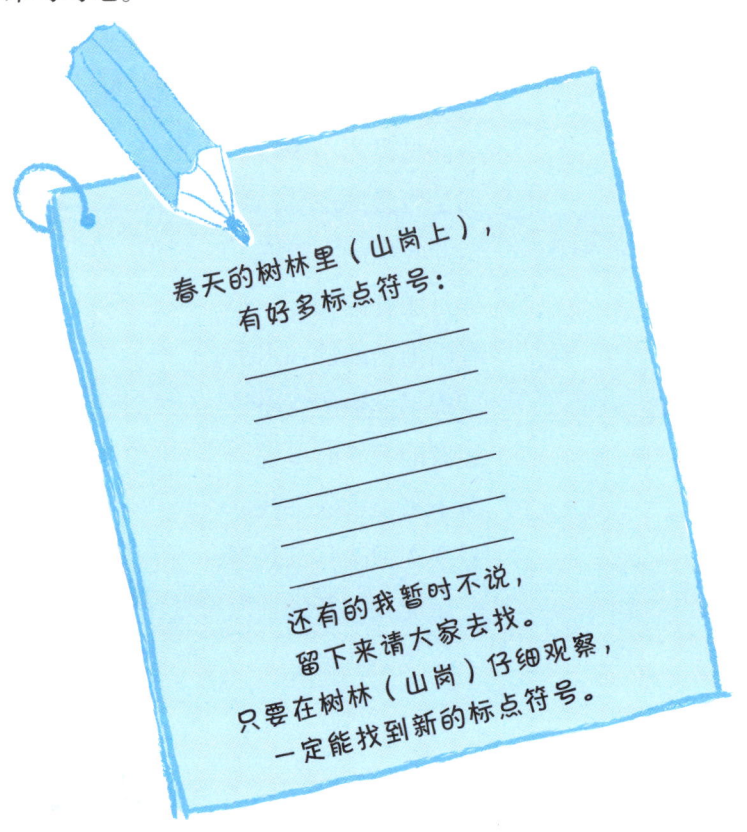

春天的小河里有标点符号,那春天的树林里或者山岗上也有标点符号的——只要你像诗人一样展开丰富的想象。来,仿照上面的格式,你来写写吧。

春天的树林里(山岗上),
有好多标点符号:

_____

_____

_____

_____

还有的我暂时不说,
留下来请大家去找。
只要在树林(山岗)仔细观察,
一定能找到新的标点符号。

丁丁的阅读笔记

这周，我的收获可真大啊！

以前，我一直以为"老"这个字只有年长这一个意思，可是读了《才出生就"老"了》之后，我才知道，原来"老"还有许多其他的意思呢。像"老虎"这个词，指的并不是年岁大的虎，这里的"老"只是为了读起来顺口而特意加上去的。我想，照这样推理，"老师"这个词前面的"老"字也是没有实际意义的。我是不是很聪明呀，哈哈！

"是什么声音，像一串小铃铛，轻轻地走过村边？是什么光芒，像一匹明洁的丝绸，映照着蓝天？"是三月的桃花水！它带着芬香的花瓣向前奔跑，将春的乐曲传向远方。好想去看看美丽的桃花水啊！

第 4 章

★ 星际旅行 ★
面包渣儿流星雨

爸爸告诉我，只要我充满热情地做自己喜欢的事，并坚持下去，梦想的种子就一定会开花结果。

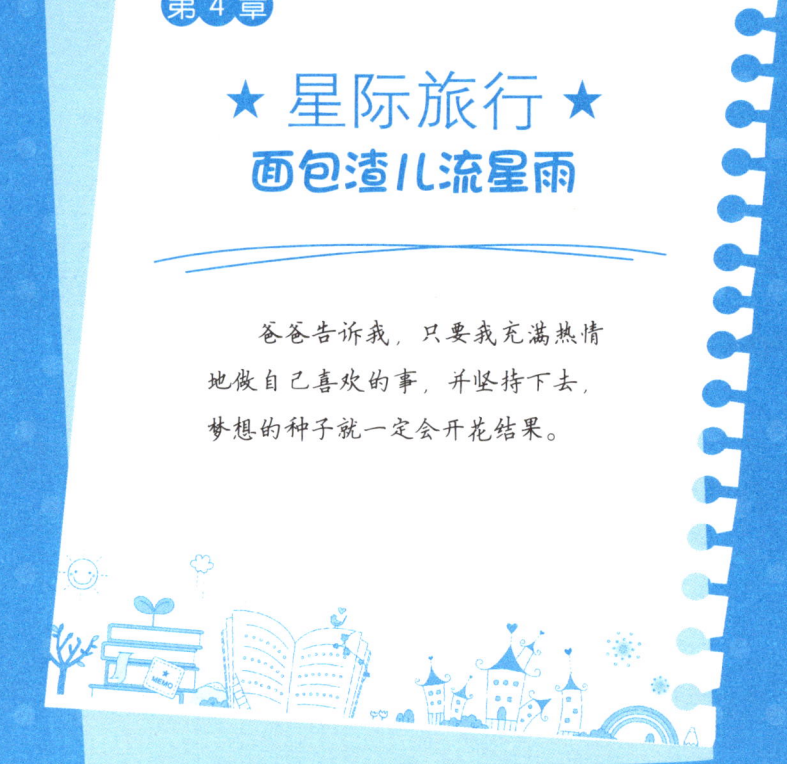

废寝忘食

谁能用废寝忘食造句？

爸爸、妈妈吵架时，我常常废寝忘食。

你怎么会废寝忘食呢？

……

他们吵架时，声音很大，又没人做饭，因此我睡不着，也忘记了吃饭……

星期一 Mon.

【文史嬷嬷茶】

"推敲"是怎么来的

博闻

唐朝的贾岛是著名的苦吟派诗人。苦吟派就是为了一句诗或是诗中的一个字词，不惜耗费心血，花费大工夫的诗词派。贾岛曾用几年时间作了一首诗，诗成之后，热泪横流，不仅仅是高兴，也是心疼自己。当然，他并不是每做一首诗都这么费劲儿的。如果那样，他就成不了诗人了。

有一次，贾岛骑驴走在官道上，还一门心思琢磨着有句诗该咋写，这首诗名叫《题李凝幽居》。全诗如下：

闲居少邻并，
草径入荒园。
鸟宿池边树，
僧推月下门。
过桥分野色，
移石动云根。
暂去还来此，
幽期不负言。

但他有一处拿不定主意，那就是觉得第二句"鸟宿池边树，僧推月下门"中的"推"应换成"敲"。可他又觉得"敲"也有点儿不太合适，不如"推"好。到底是"推"好还是"敲"好呢？他在嘴里"推""敲"地念叨着。不知不觉地，他就骑着驴闯进了大官韩愈（唐宋八大家之一）的仪仗队里。

韩愈问贾岛为什么闯进自己的仪仗队，贾岛就把自己作的那首诗念给韩愈听，说是其中一句有个字是用"推"好，还是用"敲"好，他拿不定主意，因此在驴背上寻思，没想到冲撞了"首长"的仪仗队。韩愈一听事情的原委，当即就原谅了他的过失。身为大文学家的韩愈还替贾岛琢磨起来。一会儿，韩愈对贾岛说："我看还是用'敲'好，万一门是关着的，推怎么能推开呢？再者去别人家，又是晚上，还是敲门有礼貌呀！而且一个'敲'字，使夜静更深之时，顿时多了几分声响。静中有动，岂不活泼？"贾岛听了连连点头，十分赞佩韩愈的见解。

快乐诗园

造小船
刘育贤

金沙滩，
银沙滩，
我在沙滩造小船。

工具很简单，
就是一双小脚板。
我走走，
你看看，
身后小船一串串。

星期二 Tues.

【你好！科学】

壁虎胶带

阿碧

生物学家称壁虎是最能爬墙的动物。它能够自如攀墙，倒挂悬梁，几乎能攀附在各式各样的材料上面，甚至在水里、真空环境及太空中都能行走自如，所经之处不留任何痕迹。壁虎脚上的"功夫"，真可称得上是"自然的杰作"。几千年来，不少人试图揭开壁虎爬墙的奥秘。然而，这始终是个谜。

直到最近几年，美、英、俄等国的研究小组才真正揭开了壁虎在墙上爬行的秘密。这个秘密就是分子间的作用力。科学家在显微镜下发现，壁虎脚趾上约有650万根次纳米级的细毛，每根细毛的直径约为人类毛发直径的十分之一。毛发前端有10~1 000个类似树状的微细分支，每个分支前端有细小的肉趾，能和接触的物体表面产生很微小的分子间的作用力。这个力虽然很小，但是当壁虎脚上所有的细毛都与固体表面充分接触时，它们所产生的总黏着力就会超过许多人工黏合剂能够产生的力量。壁虎脚趾上的650万根细毛全部附着在物体表面上时，可吸附住质量为133千克的物体。

以现在的科技，人类还没有办法研制出与壁虎脚一模一样的东西。不过，科学家们根据壁虎脚的结构，研制出了新的黏性材料——

壁虎胶带。测试结果表明，这种人造胶带所具有的黏性足以支撑一个成人的体重，它可以让你在墙上行走如履平地。希望不用活动梯子更换电灯泡的人，这下可真有了新盼头。

由于壁虎胶带是利用细毛的黏性，所以它与其他胶带相比有一个突出的特点——可以重复利用，而不像其他胶带那样用一次就失效。科学家指出，这个研究还可以应用在航天、航海、水下探测、医学等重要领域。比如，现在的医学绷带密封性不是很好，容易感染细菌，而且从伤者身上撕下来时也容易拉伤皮肤。然而，未来的壁虎型绷带的透气性和密封性都很好，撕开时可以利用壁虎抬脚的原理不伤害伤者的皮肤。

壁虎胶带——这一来自幻想中的新技术，已经被专家们评为"最具市场冲击力的十大新技术"之一。然而，要利用壁虎胶带真正实现飞檐走壁的梦想，还需要科学家对这个产品做进一步的改进。

幽默派对

不是说笑

小学生甲："我爸爸说，人类以前是猴子。"
小学生乙："真是笑话，怎么可能？"
小学生甲："不是说笑，是真的。"
小学生乙："那你爸爸以前住在哪个动物园？"

星期三 Wed.

【名人那些事儿】

杜甫名句有"三破"

王宝琪

"读书破万卷，下笔如有神"，是唐代诗人杜甫的名句，可谓家喻户晓。它告诉我们读与写之间的关系——"神"来自"破"。

后人对"破"字有不同的解释。清代仇兆鳌的《杜诗详注》列举了三种说法：第一种，书读多了，写文章就会左右逢源，下笔有神，此为"突破"；第二种，书常拿出来读，必然会磨损，此为"磨破"；第三种，读了许多书后，就会明白书中的道理，此为"识破"。

要想"突破"，就要博览群书。古今中外这样的例子很多。有杰出成就的人，没有一个不是勤奋好学、博览群书的。东汉哲学家王充一生读书近一万三千卷，所以他才能写出《论衡》这样伟大的著作。

书读的次数多了，自然会被"磨破"。根据实际需要，选出一部分书籍反复阅读，深入理解，加深记忆，这是行之有效的读书方法。苏东坡有诗云："故书不厌百回读，熟读深思子自知。"这是经验之谈。

"识破"指的是精读便能透彻理解书中的道理。所以，我们读书要善于选择，不可滥读。选好了重点，确定了主攻方向，然后刻苦钻研，直到真正弄懂弄通为止。

星期四 Thur.

※【童话城堡】※

面包渣儿流星雨

朵朵飞

面包星球的居民最喜欢干的事情，就是在凉爽的夏夜看流星雨。每当这个时候，经过一整天阳光的烘烤，已经变得焦黄焦黄的面包地面会逐渐凉下来。躺上去刚刚好，不用盖被子也会感到很舒适。

有的时候，流星会落在地上。那是一些烧得黑乎乎的面包渣儿，滚落在面包星球柔软的地面上，可怜巴巴地冒着烟。它们的味道怪怪的，尝起来有点像烤煳的玉米面包花，只不过，还多了些星星的味道。

把这些面包渣儿收集起来铺成的大操场很结实，还很有弹性，孩子们再怎么跑，再怎么跺脚也不会踩坏，而且，摔倒的时候还会被操场轻轻弹起，不会受一点儿伤。

一个下着流星雨的夜晚，面包星球上的人们忽然听到了扑通一声巨响。

人们好奇地爬起来，朝着声音发出的地方跑去，发现操场的角落里坐着一个黑乎乎的人，他的头发和胡子都黑乎乎、乱糟糟地支棱着，脸上全是黑灰，头顶啊，领子啊，袖口啊，还冒出一缕缕的黑烟。

难道他是从天上掉下来的流星吗？

人们好奇地凑过去，闭上眼睛使劲嗅，果然嗅到了星星的味道——只是，比面包渣儿流星的味道要臭一点点。

"你是谁？你从哪儿来？"人们问他。

"我是一个巧克力师傅。我从巧克力星球来。"他说。

"巧克力师傅？那是什么？你是乘坐流星来的吗？"人们七嘴八舌地问。

"就是制作巧克力的师傅啊。我的星球上全都是巧克力。我好不容易才搭上文具星球的铅笔火箭，路过这里的时候，我又好不容易才抓住一颗流星，跟着它掉下地面呢。"

面包星球的居民们面面相觑。他们凑在一起开了个会，决定不相信这个人的话。

大家派胡子爷爷做代表，去告诉他大家的决定。

胡子爷爷对他说："我们不相信你。"

那个人转了转黑脸上白乎乎的眼睛，看看这个，看看那个，哇的一声大哭起来，边哭边说："你们怎么不相信我啊？我是好不容易才来到这里的啊！你们看，为了到这里，我已经一个月没有洗澡了，浑身都臭烘烘呢……"

人们恍然大悟，原来，这个人身上臭烘烘的味道是因为没有洗澡。

那个人继续使劲地哭着，他的眼泪一滴滴流出来，落在地上，噼里啪啦地滚动着，滴溜溜地转。

"这是什么？"小白把它捡起来，是一颗黑乎乎毫不起眼的小球，硬硬的。

"是巧克力球啊。我从巧克力星球来，那里全都是巧克力，很好吃的巧克力。"那个人说。

小白把巧克力球放进嘴巴里，闭上眼睛："哇，真的好好吃啊！太好吃了！"

"我说过我是一个很棒的巧克力师傅吧。"那个人破涕为笑。

可是已经没有人再听他说话了，面包星球的居民们争先恐后地捡起地上的巧克力球，放进嘴里，兴奋地大喊大叫。

再后来，面包星球的居民们又开了个会。会后，胡子爷爷笑眯眯地对巧克力师傅说："欢迎你到我们面包星球来。以后，你就在我们这里住下来吧。"

巧克力师傅连忙点头，笑得像一朵盛开的面包花。他不知道，人们都眼巴巴地看着他，巴不得他赶紧再哭，多哭出一些巧克力球呢。

从此以后，面包星球的居民们知道了一颗叫作巧克力星球的星星，还拥有了一位巧克力师傅，能够吃上美味的巧克力了。

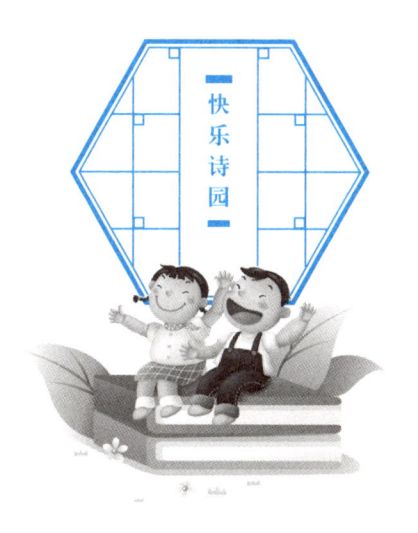

快乐诗园

谁见过风

【英国】克里斯蒂娜

谁也没见过风
无论是你，无论是我。
当树叶沙沙作响，
那是风在吹拂。

谁也没见过风
无论是你，无论是我。
当树向你频频点头，
那是风在吹过。

（摘自《中外儿童诗精选》）

星期五
Fri.

※【倾听小美文】※

池塘（节选）

贾平凹

就在这时候，有一声尖叫，是那么凄楚，我抬头看去，是一只什么鸟儿，胖胖的，羽毛并未丰满，却一缕一缕湿贴在身上，正站在一片荷叶上鸣叫。那荷叶负不起它的重量，慢慢沉下去。它惊恐着，扑扇着翅膀，又飞跳上另一片荷叶。那荷叶动荡不安，它几乎要跌倒了，就又跳上一片荷叶，但立即就沉下去，没了它的腹部，它一声惊叫，溅起一团水花，又落在另一片荷叶上，斜了身子，簌簌地抖动……

我不觉可怜起它来了，它是从树上的巢里不慎掉下来的呢，还是贪了好奇，忘了妈妈的叮嘱，来欣赏这大千世界了？可怜的小鸟！这个世界怎么容得你去？这风儿雨儿，你如何受得了呢？我纵然在岸上万般同情，又如何救得你啊！

突然，池的那边游来了一只白鹅，那样白，似乎使一个池塘都骤然明亮起来，它极快地向小鸟游去了。它是要趁难加害吗？我害怕起来，正要捡一块石子打它，白鹅却游近了小鸟，一动不动地停下了。小鸟立即飞落在它的背上，缩作一团，伏在上面，白鹅叫了一声，像只小船，悠悠地向岸边游去，终于停靠在岸边一块石头旁，小鸟扑棱着翅膀,跳下来,钻进一丛毛柳里不见了。

我深深地呼出了一口气,感觉到了雄壮和伟大,立即又内疚起来,惭愧冤枉白鹅了,就不顾一切地奔跑过去,抱起了它,大声呼喊着,奔跑在这风中雨中……

【收藏理由】

作者将小鸟落水、白鹅营救的情景,写得细致入微,很有镜头感,如"它一声惊叫,溅起一团水花,又落在另一片荷叶上,斜了身子,簌簌地抖动",让人如临其境。作者还把眼之所见所引发的心之所感写得很细致,如"我纵然在岸上万般同情,又如何救得你啊",这样的心理描写,因细致而真挚感人;而那白鹅驮着小鸟悠然游向岸边的画面又是多么充满温情啊!文段情真、味浓、景美,值得细细品味。

幽默派对

冒雨浇地

小静老师布置了一篇描写父母感人事迹的作文,要求写出真情实感。闹闹想了半天终于编了一篇关于妈妈冒雨去浇庄稼的故事,编得自己感动得快哭了,可还是不及格。

老师评语:下这么大雨还用浇地啊!

星期六 Sat.

※【玩转语文】※

手拉手，做朋友

佚名

好朋友就要手拉手。你能用线把左右两边的词语恰当地连起来吗？

一棵	问题
一个	风景
一只	高山
一道	松树
一条	大河
一座	麻雀

【参考答案】

一棵松树 一个问题 一只麻雀 一道风景 一条大河 一座高山

星期日 Sun.

※【毛头大练兵】※

台湾的蝴蝶谷

佚名

祖国的宝岛台湾气候温暖,水源充足,草木茂盛,是蝴蝶生长的好地方。

台湾的山多,山谷也多。每年春季,一群群色彩斑斓的蝴蝶飞过花丛,穿过树林,越过小溪,赶到山谷里来聚会。人们就把这些山谷叫作蝴蝶谷。

蝴蝶谷的景象非常迷人。有的山谷里只有一种黄颜色的蝴蝶,在阳光的照射下,金光灿灿,十分壮观。有的山谷里有几种蝴蝶,上下翻飞,五彩缤纷,就像谁在空中撒了一把五颜六色的花瓣,随风飘来,又随风飘去。

蝴蝶谷吸引了大批中外游客。人们一到这里,立刻就会被翩翩起舞的蝴蝶团团围住。这些小精灵是在欢迎前来参观的客人哩。

【练习提升】

1. 通过阅读,这篇短文一共有( )个自然段。
2. 根据下面句子的意思,在文中找出相应的成语写在括号里。
   (1)形容颜色繁多而凌乱。( )

（2）非常轻松愉快地舞蹈。（　　　）

3. 文中有很多描写颜色的词语，请你找一找，认真写下来。

_____

_____

4. 蝴蝶谷的名字是怎么来的？你知道吗？

5. 通过阅读，我知道了宝岛台湾因为_____，所以是蝴蝶生长的好地方。

【参考答案】

1. 4
2. （1）色彩斑斓　（2）翩翩起舞
3. 色彩斑斓、黄颜色、金光灿灿、五彩缤纷、五颜六色
4. 每年春季，一群群色彩斑斓的蝴蝶飞过花丛，穿过树林，越过小溪，赶到山谷里来聚会，人们就把蝴蝶聚会的山谷叫作蝴蝶谷。
5. 气候温暖，水源充足，草木茂盛

绕口令

（一）

山前有只虎，
山下有只猴。
虎撵猴，猴斗虎；
虎撵不上猴，
猴斗不了虎。

（二）

磨房磨墨，
墨碎磨房一磨墨；
梅香添煤，
煤爆梅香两眉灰。

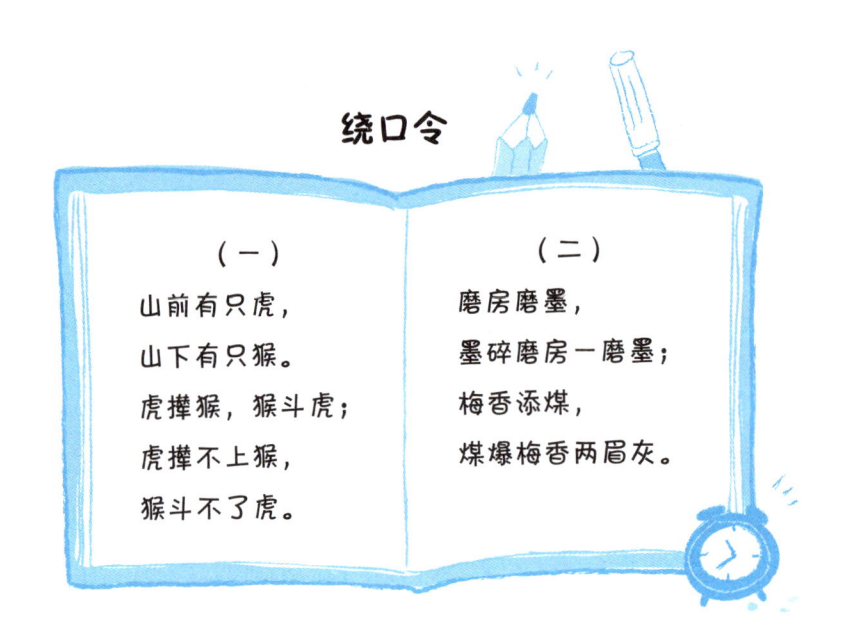

丁丁的阅读笔记

如果天上真的有面包星球和巧克力星球，那该有多好呀！

在星期四的那篇童话《面包渣儿流星雨》里，巧克力师傅说，在巧克力星球上全都是巧克力。哇，美味的巧克力啊，我的最爱！如果魔法仙子现在能来到我的房间，我一定要让她把我送到巧克力星球上去！这样，我就可以吃到美味的巧克力啦，而且永远都吃不完。

等我吃饱了，我会背上满满一包巧克力，然后搭上文具星球的铅笔火箭，或者搭上一颗流星，飞回地球。

啊，这个主意太棒了！我要赶快睡觉，希望能在梦里见到魔法仙子。呼噜……呼噜……

第 5 章

★ 冒险总动员 ★
马哈鱼是旅行家

清晨,鸟儿们起得真早,在窗外的枝头上喳喳地叫。我也要做一只早起的鸟儿,这样才能看到最美的朝霞。

浑水摸鱼

阿嚏!!

丁丁，你怎么能把鼻涕抹到苗苗的后背上呢？

你是不是想浑水摸鱼！啊？

星期一 Mon.

※【文史嬷嬷茶】※

贴春联有讲究

王宝琪

丁丁：新年到，乐陶陶，快把旧符换新桃。

冬冬：什么"符"啊"桃"啊的，你能说明白点吗？

丁丁：你读过王安石的《元日》吗？"爆竹声中一岁除，春风送暖入屠苏。千门万户曈曈日，总把旧桃换新符。"

冬冬：哦，你说的是过年贴春联呀！可是你把顺序说倒了，"桃符桃符"，"桃"在前，"符"在后，你怎么调了个儿啦？

丁丁：有那么讲究吗？

冬冬：当然有讲究。桃符就是春联，春联分为上下两联，分别贴在门的两边。现在，我有一副春联请你来贴：绿柳舒眉辞旧岁，红桃开口贺新年。别贴倒了！

丁丁：哪能呢？上联贴在门的左边，下联贴在门的右边。

冬冬：错了！上联应该贴右边，下联才贴左边呢！

丁丁：这是怎么回事？我们平时写字不是从左到右吗？

冬冬：可是古人的书写习惯是从右到左，所以贴对联也如此。

丁丁：可有的对联根本看不出哪是上联，哪是下联，怎么办？

冬冬：没这话。比如刚才那副对联的"辞旧岁""贺新年"吧，要先"辞旧"才能"迎新"。

丁丁：你这是从内容上来看的吧？

冬冬：还可以从数字上来判断，比如"一年伊始，万象更新"，一般数字小的是上联，数字大的是下联。

丁丁：哦？我用课文中的春联来试试。"又是一年芳草绿，依然十里杏花红"，"一年"在前，"十里"在后，真是这样！要是没数字，内容也看不出上下联，又怎么办呢？比如"江山如画，大地回春"就很难分辨。

冬冬：这有何难？看上下联最后一个字的读音就知道了。如果是第三、第四声的就是上联，如果是第一、第二声的就是下联，"画"是第四声，是上联，"春"是第一声，当然就是下联了。

丁丁：真的？我来试试，还用课文中的春联———"春回大地千山秀，日照神州百业兴""勤劳门第春光好，和睦人家幸福多""梅开春烂漫，竹报岁平安"。"秀""漫"第四声，"好"第三声；"兴""多"和"安"都是第一声，果然如此，就差第二声的。

冬冬：我来补上，"飞雪迎春含梅怒放，和风拂地嫩柳舒芽"。"芽"第二声，全了。

丁丁：真是一副好对子。今天我学会了怎样贴春联，以后就不会再闹笑话了。感谢感谢！

冬冬：不谢不谢！走，咱们贴春联去！

星期二 Tues.

【你好！科学】

马哈鱼是旅行家

董恒波

在大江的上游，小马哈鱼们出生了。

小马哈鱼的爸爸妈妈已经累得有气无力了，它们小声地对小马哈鱼们说："孩子们，我们是历经了千难万险，才从大海里来到这个大江的。把你们生下来，我们的心愿就实现了。你们一定要记住，不能满足在这个大江里生活，以后一定要去大海里看一看。去大海的路虽然很远很危险，但是你们不要害怕，因为我们马哈鱼都是旅行家！"说完这句话，爸爸妈妈就死去了。小马哈鱼们悲伤地告别了爸爸妈妈。

它们在江水里快乐地生长着。一晃两年过去了，小马哈鱼们长大了，它们没有忘记爸爸妈妈临终前的嘱咐。

"还记得爸爸妈妈说的话吗？我们应该结伴去远方的大海看一看，别忘了我们是旅行家呀！来，咱们排上队，互相照顾着，现在就走！"马哈鱼们的队伍浩浩荡荡，朝着远方的海洋游去。

路很长，困难很多，可是什么也拦不住马哈鱼前进的脚步。

历尽千辛万苦，马哈鱼们终于来到了汹涌澎湃的大海。马哈鱼的眼界变得宽广了，它们结识了许多好朋友。转眼间四年过去了，马哈鱼们又想起了自己出生的故乡，它们又开始旅行了。马哈鱼们要再行千里路，回到大江里去，在那里，它们要生下自己的儿女。

星期三 Wed.

【名人那些事儿】

托尔斯泰的宽容

刘权

托尔斯泰虽然很有名，又出身贵族，却喜欢和平民百姓在一起，与他们交朋友，从不摆大作家的架子。

一次，他长途旅行时，路过一个小火车站。他想到车站上走走，便来到月台上。这时，一列客车正要开动，汽笛已经拉响了。托尔斯泰正在月台上慢慢走着，忽然，一位女士从列车车窗冲他直喊："老头儿！老头儿！快替我到候车室把我的手提包取来，我忘记提过来了。"

原来，这位女士见托尔斯泰衣着简朴，还沾了不少尘土，把他当作车站的搬运工了。

托尔斯泰急忙跑进候车室拿来提包，递给了这位女士。

女士感激地说："谢谢啦！"随手递给托尔斯泰一枚硬币，"这是赏给你的。"

托尔斯泰接过硬币，瞧了瞧，装进了口袋。

正巧，女士身边有个旅客认出了这个风尘仆仆的"搬运工"，就大声对女士叫道："太太，您知道您赏钱给谁了吗？他就是列夫·托尔斯泰呀！"

古代人也有身份证

"啊，老天爷呀！"女士惊呼起来，"我这是在干什么事呀！"她对托尔斯泰急切地解释说："托尔斯泰先生！托尔斯泰先生！看在上帝的面儿上，请别计较！请把硬币还给我吧，我怎么会给您小费，多不好意思！我这是干出什么事来啦。"

"太太，您干吗这么激动？"托尔斯泰平静地说，"您又没做什么坏事！这个硬币是我挣来的，我得收下。"

汽笛再次长鸣，列车缓缓开动，带走了那位惶惑不安的女士。托尔斯泰微笑着，目送列车远去，又继续他的旅行了。

快乐诗园

妈妈

【比利时】卡里姆

我一定要说出来，
说出我对你的
一片感激之情。
你给我这么多我喜欢的树，
你给我这么多我喜欢的鸟，
你给我这么多张开花瓣的星星，
你给我这么多写诗作歌用的词语，
你给我这么多向我敞开的心灵，
你给我这么多供我紧握的亲善的手，
还给了我这颗童稚的心——
它对生活无所企求，
就只希望有一阵风，
把我理想的风筝送上蓝天。

星期四 Thur.

※【童话城堡】※

橘子里的老爷爷
连城

阿金和妈妈住在山脚下。她们的房子前面有一个菜园，园子里生长着卷心菜、豌豆苗、土豆等好多种蔬菜。阿金和妈妈每天都要在园子里劳作很久。爸爸过世了，所有的力气活都要阿金和妈妈做，她们经常累得腰酸背痛。

园子里还有一棵橘子树，每年都会结几个橘子，橘子的味道并不好，非常酸。这一年，橘树又结了几个橘子，其中有一个特别大。阿金看着这个大橘子，心里憧憬着，也许这个橘子的味道会有点不同吧。

别的橘子都摘下来吃了，只有那个最大的橘子，在树上一直挂到雪落下来。一个早晨，妈妈把橘子剪下来，递到阿金手上，说："吃吧。摘得晚，味道也许是甜的呢。"阿金不说话，默默剥开橘子。

哎哟，怎么回事？橘子里坐着一个老爷爷！老爷爷戴着大方框眼镜，胳肢窝下夹着一本大书。他的胡子长长的，像雪一样白。"怎么这么晚才把我摘下来呢？我都冻着了，快进屋去吧。"老爷爷不高兴地说。说完，他跳下地，朝屋里走去。

阿金和妈妈傻傻地跟着。这么小的老爷爷，他怎么跑到橘子里

古代人也有身份证

了？老爷爷到了屋里，就像到了自己家里一样，坐在火炉边，伸出手来想烤烤火，可是他的手臂太短了，根本够不着炉子。

"我的个子有一点矮哟。"老爷爷自言自语地说。他打了一个大大的喷嚏，身体立刻长大了一些；再打一个喷嚏，又大了一些。他打了三个喷嚏，就从拇指大的小人长成和阿金一样高了。他看着阿金说："就这样，刚刚好。"

橘子里怎么会有一位老爷爷呢？阿金和妈妈都想不通。但是家里多了一个人，她们还是很高兴。妈妈马上去煮了一锅芝麻面茶，又烤了一些红薯饼招待老爷爷。老爷爷很喜欢面茶的味道，喝了一碗又一碗，白胡子上沾满了黑黑的碎芝麻。

喝足了茶，老爷爷和阿金玩了起来。他们绕着桌子奔跑，六岁的阿金比桌子高一点点，老爷爷也比桌子高一点点。他们从瓶罐间窥视对方，玩捉迷藏的游戏。老爷爷的动作没有阿金灵活，总是被她先发现。"我又看到你了。"阿金快活地笑起来。妈妈在火炉边做针线，看着阿金和老爷爷玩，她也笑眯眯的。

老爷爷在阿金家住下来了。他喜欢玩儿，阿金和他在一起觉得非常开心。老爷爷有时候也看他的大书。那是一本很厚很厚的书，书上印满了密密麻麻的字。阿金和妈妈都不认识字，她们不知道书上说什么。"这个年纪应该认字了呀。"老爷爷自言自语道。

于是，老爷爷开始教阿金识字。他坐在火炉边，认认真真地教："人口手，日月星。橘子南瓜，土豆发芽……"阿金红红的手指头在那些字上走，跟着念："人口手，日月星。橘子南瓜，土豆发芽……"

一个冬天，阿金认了不少字，就这样过了三年。

三年后，阿金长高了许多，老爷爷还是那么矮。他也想长高，可是打不出喷嚏了。

"老是这么矮，可不好。以后怎么跟阿金玩？"他嘟嘟囔囔地说。

有一天，妈妈在镇上卖完菜回来，跟阿金和老爷爷说："所有的孩子都要到学校里去哟，不去不行。"

"阿金去吗？"老爷爷警惕地问。

妈妈点点头。

"那我呢？"

"没说要老爷爷。"

这下可不得了，老爷爷立刻倒在地上，大哭起来："学校为什么不要我？难道就因为我是个老头子吗？太不公平啦！"

阿金想扶起老爷爷，但是他在地上滚来滚去，根本就摸不到他。他滚过门前的草地，滚过菜园，滚过乱石丛生的荒滩。那些卷心菜啊，豌豆苗啊，全被压烂了。

后来，老爷爷站在那里跺着脚哭："我要和阿金在一起！"跺着跺着，老爷爷的身子沉了下去，一直沉到地里，不见了。阿金和妈妈伏在地上，找到天黑，也没看见老爷爷的踪影。

后来，老爷爷滚过的地方，长出许多橘子树。树上结了很多橘子，密密麻麻的，到了秋天橘子成熟的季节，灿烂的色彩把阿金家的天空都映红了。

阿金到学校里去了。妈妈不用再卖菜。她们靠那些橘子，过上了安稳平静的生活。对了，橘子的味道是甜的，就像蜜糖一样甜。阿金和妈妈经常吃着甜橘子，在橘林里寻找老爷爷。

她们相信，老爷爷肯定藏在某一个大橘子里面，正在等着她们去把它剥开……

【倾听小美文】

冬日香山
梁衡

与春夏相比，这山上不变的是松柏。一出别墅的后门就有十几株两抱之粗的苍松直通天穹。树干粗粗壮壮，溜光挺直，直到树梢尽头才伸出几根遒劲的枝，枝上挂着束束松针，该怎样绿还是怎样绿。这时太阳从东方冉冉升起，走到松枝间却寂然不动了。

我徘徊于树下又斜倚在石上，看着这红日绿松，心中澄静安闲如在涅槃，觉得胸若虚谷，头悬明镜，人山一体。此时我只感到山的巍峨与松的伟岸，冬日香山就只剩下这两样了。

苍松之外，还有一些新松，栽在路旁，冒出油绿的针叶，好像全然不知外面的季节。与松做伴的还有柏树与翠竹。柏树或矗立路旁，或伸出石岩，森森然，与松呼应。翠竹则在房檐下山脚旁，挺着秀气的枝，伸出绿绿的叶，远远地做一些铺垫。你看它们身下那些形容萎缩的衰草败枝，你看它们头上的红日蓝天，你看那被山风打扫得干干净净的石板路，你就会明白松树的骄傲。它不因风寒而筒袖缩脖，不因人少而自卑自惭。

我奇怪人们的好奇心那么强，可怎么没有想到在秋敛冬凝之后再来香山看看松柏的形象。

星期六 Sat.

※【玩转语文】※

赏植物，填成语

阿虎

你最喜欢哪种植物？是优雅芬芳的兰花还是清香怡人的菊花，是高洁秀丽的莲花还是不畏冰霜的梅花，是挺拔傲立的竹子还是坚贞不屈的松柏？

当你漫步原野时，你是不是发现每一种植物都是那么美丽，都让人为之着迷？

在成语世界里，也有很多成语与植物有关，你留意过吗？

【动脑筋】

请你按照给出的植物名，写出含有它们名字的成语。（每种植物至少写出两个成语）

松
竹
梅

古代人也有身份证

桃	
李	
兰	

【参考答案】

桃——投桃报李　　桃梅竹马　　桃的故乡　　梅兰竹菊
青梅止渴　　梅花香枝　桃　按按接接　李代桃僵　李——沉李浮瓜
瓜田李下，正自修整　　三——三心二意　　三天王树李　兰——空谷幽兰

幽默派对

啤酒10斤

悠悠跟爸爸到饭店吃饭，吃完后有抽奖活动。

悠悠从抽奖箱里拿出一张奖券，大声喊道："哇，啤酒10斤！"

随后，饭店的服务员在一旁冷冷地纠正："是啤酒1听。"

蚊子不识字

小明家的蚊香用完了。蚊子不停地从窗外飞进来。

小明急中生智，在一张纸上写道："房内点着蚊香。"然后把纸挂在窗户上。可是，蚊子还是不停地从窗口飞进来。

小明感慨道："一群文盲！"

星期日 Sun.

☀【毛头大练兵】☀

聪明的鹦鹉

佚名

鹦鹉，俗称鹦哥，羽毛色彩艳丽，多栖息在热带森林中，分布于美洲、澳大利亚和我国南部亚热带地区及西南等地。鹦鹉的舌头柔软而富有弹性，经过反复训练，能模仿人说话。唐代诗人白居易称赞鹦鹉是"鸟语人言无不通"。

鹦鹉的听觉十分灵敏，经过严格训练，能够报警。第一次世界大战期间，雷达尚未发明。法军就把经过训练的鹦鹉放在埃菲尔铁塔上，用来报告德军飞机空袭的消息。当德军飞机从远处起飞，人们还未觉察时，鹦鹉就已敏锐地听到低微的马达声，立即飞向法军指挥部报告，使法国人民及时躲避空袭。

据美国鸟类学家试验证明，鹦鹉除了能模仿人讲话、耳朵灵敏外，视觉也很敏锐，不会色盲。根据这些特点，美国有关部门让经过特殊训练后的鹦鹉为盲人或夜盲症患者效劳。这种鹦鹉可以根据交通信号灯的颜色，随时命令抱着它的盲人"停步"或"向前"。

古代人也有身份证

【练习提升】

1. 为加点字选择正确的读音。

栖息（xī qī）　　模仿（mó mú）

弹性（tán dàn）　　空袭（kōng kòng）

2. 比一比，组词语。

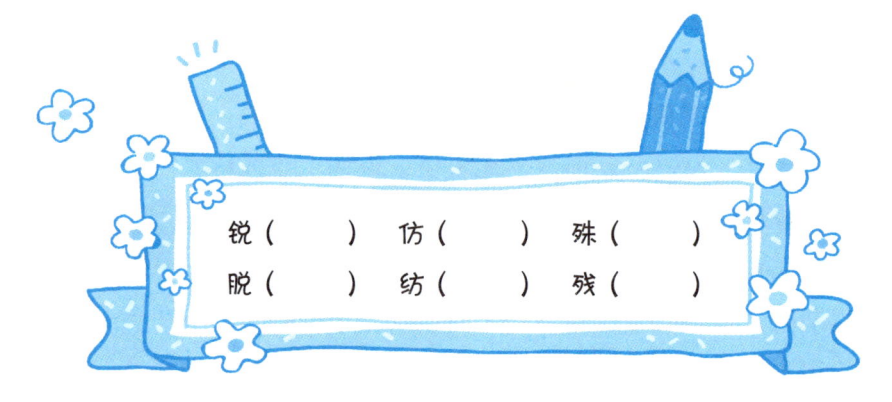

锐（　　）　仿（　　）　殊（　　）
脱（　　）　纺（　　）　残（　　）

3. 鹦鹉为什么能够帮助盲人？

4. 本文介绍了鹦鹉的哪些特点？

【参考答案】

1. qī mó tán kōng
2. 略
3. 因为鹦鹉视觉发达，不会迷路，经过体能训练后，可以准确无误地传递信息，随时为令海盲的人"传书"和"向导"。
4. 鹦鹉能模仿人讲话，其视觉发达，观察敏锐，不会迷路。

丁丁的阅读笔记

今天真是一个美好的周末啊！妈妈带我去了游乐园，还给我买了我最爱吃的巧克力冰激凌，现在冰激凌还在我肚子里流淌呢。哈哈，好开心啊！

自从周四那天读了《橘子里的老爷爷》之后，每次拿起橘子想要把它吃掉的时候，我总是在想，要是橘子里真的住着一位老爷爷，那该多好呀！

到时候，我会带着老爷爷一起去学校上课，一起玩耍，才不像阿金那样小气呢！如果老爷爷能变出许多橘子树的话，我要请好多好多小朋友一起到橘子树下品尝甜甜的橘子，但是我不会告诉他们橘子里藏着一位神奇的老爷爷。因为这是一个秘密，嘘！

第 6 章

★ 疯狂动物城 ★
藏在林子里的纵火犯

假如遇到不开心的事，我会找好朋友聊天，与好朋友一起看漫画，跟好朋友一起做游戏……和好朋友在一起，心情马上就会好起来啦！

过目不忘

丁丁,请你解释一下"过木不汪"?

过木不汪

就是小狗走过独木桥以后不叫了。

朽木不可雕也!

哈哈!

星期一 Mon.

【文史嬷嬷茶】

你会读这些姓吗

崔为安

新学期开始了。第一节课，班主任李老师让班长王宇点名。拿过花名册，王宇扫视了同学们一眼，高声叫道："查（chá）文提。"下面无人应声，一些同学捂着嘴巴笑了起来。

"查（chá）文提。"王宇提高了声音。

"我不叫'查问题'，我叫查（zhā）文提。"这时，一个戴眼镜的男同学站了起来。

王宇不好意思地笑了笑，继续点道："盖（gài）西芳。"

"我叫盖（gě）西芳，不叫盖（gài）西房。"一个女同学站了起来。

"哈哈哈……"同学们笑出了眼泪。

这时，李老师站了起来，示意同学们安静，然后说："我国历史悠久，地域辽阔，人口众多，因而姓氏繁杂。据《中国姓氏汇编》统计，我国共有5 730个姓氏，有些姓氏因所姓的人数少，又由于汉字的多音读法，所以人们经常读错。像刚才提到的'查'，不读chá，而应读zhā；'盖'不应读gài，而应读gě。另外，还有一些姓氏也很容易读错，如黑（hè）、单（shàn）、解（xiè）等。我们遇到不常见的姓时，要么问一问，要么查查字典，若不然，很容易闹出笑话的。"

听了老师的话，同学们连连点头。

星期二 Tues.

【你好！科学】

藏在林子里的纵火犯

代佳

夏天到了，太阳火辣辣地照着大地，空气中没有一丝风，天气很炎热。

森林侦探所内，猴侦探正悠闲地喝着冰红茶。突然，一阵急促的电话铃声响起。

"不得了啦！红树林着火了……"花栗鼠先生在电话里焦急地说。

情况紧急，猴侦探立即赶往火灾现场。

幸好着火的地带靠近水源，大火很快就被扑灭了。花栗鼠先生看着被烧焦的草木，伤心地说："一定要抓住那个可恶的纵火犯！"

可是，谁是纵火犯呢？

猴侦探排查了动物王国的所有居民，结果一无所获。正在他一筹莫展时，花栗鼠先生打来电话：林子里又着火了！

事态严重，猴侦探立刻带人封锁了整个林子，并仔细搜查每个角落。奇怪的是，他什么也没有发现。

突然，远处传来呼的一声，随即，一股火苗冒了出来。

"谁？"猴侦探警觉地望望四周，可周围静悄悄的，连个人影也没有。

古代人也有身份证

猴侦探回过头，发现了一株快要燃尽的草苗。他探下身去，仔细地观察起来。慢慢地，他脸上露出了浅浅的微笑。

猴侦探把草苗连根拔起，交给花栗鼠先生："这就是我们要找的纵火犯。"

"怎么可能？这不是白鲜吗？"花栗鼠先生惊奇得瞪大了眼睛。

"白鲜的叶子里含有醚，醚的燃点非常低，如遇上天气炎热，气温升高，达到它的燃点，就会自燃。"猴侦探说。

"我明白了，这几天天气炎热，气温很高，导致它们自燃，才引发了火灾。"花栗鼠先生醒悟过来，赶紧带领大家把林子里的白鲜拔光了。

幽默派对

地球怎么转

小明："爸爸，地球绕着太阳转，是真的吗？"
爸爸："当然是真的。"
小明："那么，在晚上没有太阳的时候呢？"

星期三 Wed.

【名人那些事儿】

老舍"磕头"

佚名

人们看过由《四世同堂》改编的电视连续剧之后，无不称好。但谁又知道这部原著的作者老舍在写这部书时，却曾经受过痛苦的煎熬。那时，老舍虽已名声在外，但实际上穷得很，全靠卖文为生，贫病交加，度日如年。他住的那间房子很小，白天三面受盛夏烈日曝晒，晚上还要受到群蚊围攻，写作极为困难，欲快不得。另外，许多报刊纷纷约他写各种文章，严重干扰了《四世同堂》的创作，使他陷入苦恼之中。

作家的责任感使他下定决心，排除一切干扰，克服一切困难，集中精力，专心创作，以便早日写出《四世同堂》。为此，他以《磕头了》为题，写了一篇文章，刊登在《宇宙风》杂志上。老舍在《磕头了》一文中，写了这样一段感人的话："在抗战时期，我写了许多不像样的东西。所以我决心写一部相当大的长篇小说，以赎粗制滥造之罪。朋友们帮帮忙吧！……在这里，我向肯帮我忙的朋友们磕头致谢！"

因此，老舍"磕头"，一时传为佳话。

星期四
Thur.

【童话城堡】

幸运狼的噩运

陈亦权

麦达是一只狼，它和伙伴们一起在草原上生活，每天为了猎食到处奔波。

一天中午，天气特别炎热，草原上的动物们都在各自的领地乘凉打瞌睡，狼伙伴们认为这是一个猎食的好机会，就结伴外出捕猎。

麦达边走边想："天这么热，万一中暑怎么办？"正想着，麦达看到不远处有一棵大树，底部还有一个大树洞，它就悄悄地脱离了狼群，钻进树洞中躺下来休息。树洞中非常凉爽，麦达一会儿就睡着了。

睡梦中，麦达隐约听到一阵懒散的脚步声，警觉的麦达竖起脑袋往外看去，居然发现一只小鹿在大树下溜达，而且离树洞越来越近，麦达迅速蹿出去，一口咬住小鹿，把它拖进了树洞，美美地饱餐了一顿。

麦达一边吃一边看着远处的狼群，心里得意极了，大家累得跑来跑去还没捕获猎物，而自己睡在树洞中却能吃得饱饱的。

傍晚，当狼群路过树下时，麦达得意地告诉伙伴们，自己是一只幸运狼，这树是一棵幸运树，因为它睡在树洞中也有猎物会送上门来！

狼伙伴们恭维了它几句，然后叫麦达回到狼群里。麦达想了想说："我才不回去呢，住在这里又舒服又自在，而且猎物还会主动送上门来，多好啊！"

狼伙伴们走了，麦达就躺下来继续睡觉。第二天天刚亮，麦达就听到外面有动静，它悄悄一看，原来是一只小野猪。麦达屏住呼吸，嗖的一下蹿出去，一口咬住小野猪的脖子，又美美地享用了一顿早餐。

这一切，都被正在树上喂宝宝的黄鹂妈妈看在眼里，它很快飞离了大树，把麦达住在树洞里的消息告知了居住在附近的动物们。

一传十，十传百，很快，草原上所有弱小的动物们都知道了这个消息，它们都远远地避开那棵大树，不再走近了。

就这样，麦达再也没有食物了，它的肚子越来越饿，身体也越来越虚弱，但是它还是懒得起身和伙伴们一起去捕猎。

"再等一会儿，没准过一会儿就有猎物送上门来了！"麦达一次次地这样告诉自己……

转眼半个多月过去了，狼伙伴们想起来已经很久没有见过麦达了。有一次外出捕猎时，它们特意绕到幸运树下去看望麦达，出乎意料的是，麦达早已经死去了，死去后的麦达，依旧伸着脑袋看着洞外。

狼伙伴们摇摇头离开了，它们怎么也想不通，自称是幸运狼的麦达，住在这棵被它称作幸运树的树洞里，噩运怎么偏偏降临到了它的身上呢？

星期五 Fri.

※【倾听小美文】※

和妈妈一起做农妇

张洁

屋子门前有一溜空地，几天前妈妈借来锄头翻了土。现在，她一手提着小钵，一手悬晃着慢悠悠地走过去。

"妈妈，干什么呢？"我倚着门框，两手插在衣袋里，大声问。

"撒籽呗！"妈妈停下来，回身望着我笑，她的眼里分明是田野，绿油油、黄澄澄、红灿灿……闪闪发亮！

"妈妈，是什么花呢？"我跑过去，拉住她的手臂。

"妈妈种野苋菜。"妈妈又笑，"我们自己种菜吃！"说着，她像个快乐的农妇，往前走去，又折回来，提了水桶浇水。

我跟前跑后，拨拨这儿的泥，松松那儿的土，两只手上沾满了泥巴，惹得妈妈哈哈大笑。

"好一双泥爪子！我的傻丫头。"她说着，捏住我的手浸到水桶里。

"多好看的小泥爪子啊！"她像面对心爱的艺术品，轻柔地在水中搓去那上面的污垢，再提出来，用自己的衣襟擦干；而后蹲下身子，将我的双手合到她的颈上，直到它们暖暖和和的，才又"归还"给我。

现在我就用妈妈"归还"的手写下这个片段，它们早已经不再像原先那般窄小和娇嫩，我却习惯于在它们冷的时候合到颈上取暖——总会重回做农妇的日子：那时我们生活在农村，住在庙宇改建成的学校里，妈妈种的野苋菜叶子是我们饭桌上常见的炒菜，而秋天又高又直的野苋菜秆则被妈妈腌制成咸菜；妈妈还种了晚茶花，每年夏季的傍晚用线穿上给我做花环；我种了凤仙花，将大红的花瓣盖在指甲上揉碎，那汁水便把每个指头染成了红色，当妈妈奏响风琴时我就和着节拍，翘起兰花指跳舞；我还种过冬瓜，谁家收摘的果实都没有我的大，村里人还来讨种子呢……

我曾和妈妈一起做农妇！

在那段经历里，妈妈不但将她身上的暖气给了我，还将她心底对生活源涌不止的热爱给了我。

作家简介 张洁，当代女作家，原籍辽宁抚顺，生于北京。作品有《张洁小说剧本选》，小说散文集《爱，是不能忘记的》《方舟》，小说集《祖母绿》，长篇小说《沉重的翅膀》获全国第二届茅盾文学奖，曾被译成德、英、法等多种文字出版。

星期六 Sat.

【玩转语文】

三谜共一底

陈晓秀

三个小朋友在一起做作业，作业做好了就玩起猜谜来。

小炎对小昌说："我来说个谜给你猜：天天不休息，一走十二里，有人家找我，看看我面皮。请你猜一件日常用品。"

小昌笑了笑，摇摇头，假装猜不着，说："我也出一谜，请你来猜：弟弟长，哥哥短，天天赛跑大家看。弟弟跑了十二遍，哥哥刚刚跑一圈。也打一件日常用品。"

小炎猜不着，又去问小吕，小吕听完后说："我也有一谜：兄弟两人同走路，摆一摆来走一步。走了三年零六月，没有走出玻璃铺。也是打一件日常用品。"

这时小林来了，对他们三人说："其实你们都知道谜底，故意说个新谜来让别人猜。这三个谜说的是同一件东西。"

三人都点点头，会心地笑了。

小朋友，你知道这三谜的同一个谜底吗？

【参考答案】

钟表

星期日 Sun.

【毛头大练兵】

橙子电池

佚名

一天，我正在家里吃橙子，我的"小博士"表哥来了。他看了看我手中的橙子，神秘地说："子琦，你只要能找来两片金属导片，我就能做出一个能放电的'橙子电池'。""橙子能做电池？"这可是我从没听说过的新鲜事。为了验证事情的真实性，我马上帮表哥找来了工具和材料。

表哥开始做电池了。他先把橙子切成两半，然后左手拿起半个橙子，右手用镊子小心翼翼地夹起一片金属导片，将其一半插进橙子的中心偏右处，一半露在外面；再用镊子夹住剩下的一片，插进橙子的中心偏左处，一半露在外面。"完成了，我的橙子电池完成了！"表哥高兴地说。我捧起表哥的"杰作"，左看右看，还是不相信这东西能放电。表哥好像看透了我的心思，说："不相信？那我们来测试一下吧！"

按照表哥的吩咐我找来了电线和万用表。表哥把两根电线分别接在两片金属导片上，说："我将两根电线接到万用表上，如果指针转动了，就证明橙子电池能放电。"我十分紧张地睁大眼睛，希望能把这个过程看得更清楚一些。终于，表哥把两根电线接上了万用表。霎

古代人也有身份证

时间，不可思议的事情发生了——指针转动了！我高兴得手舞足蹈，橙子能做电池这样的新鲜事，终于被我清楚地看见了。

表哥看我摇头晃脑的得意样，忍不住说："子琦，光看到橙子会放电不算什么，我们要知道其中的原理。橙子本来是不放电的，但橙汁中的酸会与插进橙子中的金属导片发生化学反应而放电。这样橙子电池才能做成。"我似懂非懂地点点头，心想："正因为表哥博览群书，知识渊博，我才能看到这样的新鲜事呀！"

【练习提升】

1. 找近义词。

   新鲜 ➡ ☐　　验证 ➡ ☐

2. 用波浪线画出描写制作"橙子电池"过程的句子。

3. 用"小心翼翼"写一句话。

4. 小作者通过这件事懂得了什么道理？请在文章中用横线画出有关语句。

【参考答案】

1. 新奇　核实　2. 略　3. 略　4. 正因为表哥博览群书，知识渊博，我才能看到这样的新鲜事呀！

丁丁的阅读笔记

　　大自然像一本魔法书，每一页都充满了神奇的魔力。

　　昨天放学路上，我问小美："你认识一种叫作'醚'的坏家伙吗？它是隐藏在森林里的纵火犯。"小美疑惑地问我："他是坏人吗？我们要不要马上告诉老师呀？"我当时简直快笑破肚皮了。小美见我哈哈大笑，生气地说："臭丁丁，欺负我，不理你了，哼！"看她生气的模样，我更开心了。

　　一路上，我向小美解释了关于那个"坏家伙"的真实身份，还和她分享了我前几天看的那个有趣的笑话。她听了之后，可开心啦！

　　我发现，和好朋友分享知识是一件十分快乐的事。

第 7 章

★ 森林奇缘 ★
小熊猫的妈妈是大熊猫吗

今天是母亲节,我要自己动手为妈妈做一张贺卡,为妈妈捶捶背、揉揉肩,还要大声地告诉她:"妈妈,我爱您!"

应酬

老婆，今晚有应酬，不能回家吃饭了……
老公，什么时候回来吃饭？
妈妈，什么是应酬？
不想去，但又不得不去，就叫作应酬。
真是茅塞顿开啊。妈妈，我明白了。
儿子明白了什么？
早上，丁丁去上学。
第2天
妈妈，我去应酬了！

星期一 Mon.

※【文史嬷嬷茶】※

"鼻"与"开创"的关系

王亦川

明代著名建筑师唐东杰布不仅在雅鲁藏布江上留下了58座铁索桥,还被尊为藏戏的"开山鼻祖",也可以说是"开山祖师"。这两个称呼都是比喻一个学术流派或一门技艺的开创者,为褒义词。那么,"开创"与"鼻"之间有什么关系呢?

我们先来探究一下"鼻"字的来源。"鼻"的本字原为"自(bí)",甲骨文和金文中的"自"字都像人鼻子的模样,"自"和"鼻"的读音也是一样的。"自"在古文中一般当第一人称代词,指自己,既然"自"字做人称代词了,那么要写"鼻子"的"鼻"时,又该用哪个字呢?于是人们又另造了一个形声字代替,在"自"字下加了一个声符"畀(bì)",就出现了一个新字"鼻"。从此,"自"和"鼻"就有了不同的分工。

"自"的本义是"鼻子"(人们说到自己的时候往往指着鼻子),又可以引申为"从""自",后来引申为动词"始"。《说文解字》里有"今以始生子为鼻子"的说法,就是把生的第一个儿子称"鼻子",这里的"鼻"即"第一""最初"或"开始"的意思。所以,最早的祖先、开创的祖师就称"鼻祖"了,这也是"鼻"和"开创"意义相近的原因。

星期二 Tues.

【你好！科学】

小熊猫的妈妈是大熊猫吗

陈立凤

竹林不远处的小溪边，一群猴子正在快乐地嬉戏。

"呜呜……"忽然，小猴子聪聪听见一阵哭声。原来，大熊猫妈妈丢了小宝宝，正着急地掉眼泪呢。

聪聪热心地说："熊猫妈妈，别急，我去帮你找！"

他一溜烟儿跑到了山坡上，看见正在吃草的麋鹿大哥，于是赶紧问："麋鹿大哥，你看见小熊猫了吗？"

"小熊猫？上午我在山谷里见过，她正趴在树枝上睡觉哩！"

聪聪立刻一路向山谷飞奔。山谷里的动物可不少，他便扯开嗓子大喊："小熊猫——"

"你找我有事吗？"一只全身长着棕红色绒毛、拖着长尾巴的小动物奇怪地问。

可她长得和大熊猫一点儿也不像呀！"你真的是小熊猫吗？"聪聪问。

"对呀，我的名字就叫小熊猫。"小动物肯定地说。

"你妈妈找不到你了，赶紧跟我回去吧。"说完，聪聪抱起她就向竹林的方向跑。

古代人也有身份证

不一会儿,他俩就来到了竹林。

"啊?这不是我的宝宝。""她不是我的妈妈。"大熊猫妈妈和小熊猫同时叫道。

聪聪傻眼了,这是怎么回事呢?大熊猫妈妈摊开手掌说:"这才是我的宝宝呢。"

只见一只没有毛的粉嘟嘟的小肉蛋儿正在大熊猫妈妈的手上蠕动,聪聪和小熊猫对视一眼,都笑了。

【喵博士讲科学】

小熊猫是国家二级保护动物,体型比猫稍大些,尾巴上有九个环形的花纹。虽然它的名字和熊猫很像,但是它俩搭不上关系,小熊猫和浣熊才是亲戚。

窗上的图画

关登瀛

快乐诗园

是谁敲着玻璃窗——
沙沙沙——
小雪花告诉我,
冬天来了。

滴答,滴答——
春雨告诉我,
春天来了。

轰隆隆——
雷公公告诉我,
夏天来了。

沙,沙,沙,
红叶告诉我,
秋天要走啦!

啊,我的玻璃窗上,
镶嵌着四季的图画。

星期三 Wed.

【名人那些事儿】

凡尔纳的"写作公司"

何海舟

法国著名科幻小说家儒勒·凡尔纳一生写了大量的作品，仅小说就有104部。有人说凡尔纳有一个"写作公司"，雇用了不少作家和科学家为他写作，而他只不过是占有别人的劳动成果罢了。听了这个谣传，有位记者决定去采访凡尔纳，弄清这个问题。凡尔纳听了记者的来意后，微笑着把他领进自己的工作室。小小的工作室里，除了一张写字台和一把椅子，其他地方都被大柜子占据了。

"喏，我为什么在短时间内写出那么多作品？因为我有一个'写作公司'。"凡尔纳指着柜子说。记者不知道是什么，打开柜子一看，只见里面分门别类地放满了卡片，每张卡片上都密密麻麻地写满了从书报上摘录下来的资料。记者粗略算了一下，仅一个柜子就大约有两万多张卡片。如果平均每天收集10张的话，要将近六年的时间才能完成。

凡尔纳为什么能创作出这么多科幻小说？原来他有自己的"写作公司"，这个"公司"就是他收集的材料。有了这些材料，凡尔纳才写出一部部享誉世界的作品。

星期四 Thur.

※【童话城堡】※

是谁送来了春光

陈晓秀

阳光暖暖地照着，万物从严冬的沉睡中苏醒，世界呈现出一派生机勃勃的景象。

春风暖暖地吹拂着，感到得意极了："多美呀！你们知道吗？这一切都是我春风的功劳，'东风送暖，大地回春'嘛！"

一会儿，雨丝从空中飘落下来，淅淅沥沥，下个不停，春风的话引起了春雨的不满："风能吹来春天吗？'雨露滋润禾苗壮'，没有我春雨，万物就不能滋生，世界就不会这么美。"

"轰隆隆，轰隆隆，是我唤醒了这沉睡的大地，谁也休想把迎春的功劳从我这儿夺走。"不用问，只有春雷才有这么大的嗓门。

云彩听不下去了，说："你们就别瞎争了，没有太阳，哪有你们春风、春雨与春雷呢？"

"啥？没有太阳就没有我们？你说这话要有根据？"春风、春雨、春雷一齐嚷起来，一个比一个嗓门响。

"当然有根据，空气流动形成风，太阳把地面空气晒热上升，冷空气来补充，风就产生了，而地面水分被太阳照射蒸发，变成云后又降落下来，那就是雨。至于雷嘛，是带有正极电和负极电的云相互碰撞形成的,只有下雨才能出现。想想看吧,如果没有太阳,哪有你们风雨雷电呢?因此应该说,春天是太阳送来的。"

这时,太阳冲破了乌云,把灿烂的阳光毫不吝惜地洒向人间。太阳听了云彩的话,红着脸庞说:"要问是谁迎来了春天,应该是地球。地球不停地绕着太阳公转,到了春季,北半球渐渐朝向太阳,太阳比冬天升高了许多,气候温暖了,世界就呈现出欣欣向荣的景象。至于我太阳,只是帮了点小忙而已,没啥好说的。"

春风、春雨、春雷听了太阳的话,开始不好意思起来,"太阳给送来了春光,还那样谦虚,而我们这些获利者却在这儿争功,太不应该了!"

太阳赞许地说:"你们能认识这个道理就好。让我们齐心协力,把春天打扮得更加美丽吧!"

幽默派对

缩小一点

爸爸给晶晶买了一条新裤子,谁知下水洗后就缩得穿不下了。妈妈不停地埋怨爸爸,晶晶却说:"妈妈,你给我洗个澡,让我也缩小点不就行了吗?"

星期五 Fri.

※【倾听小美文】※

柔和的力量

毕淑敏

记得早年学医时,一天课上先生问道:"大家想想,用酒精消毒的时候,什么浓度为好?"学生齐声回答:"当然是越高越好啦!"

先生说:"错了,太高浓度的酒精,会使细菌的外壁在极短的时间内凝固,形成一道屏障,后续的酒精就再也杀不进去了,细菌在壁垒后面依然活着。最有效的浓度,是把酒精的浓度调得柔和一些,润物细无声地渗透进去,效果才佳。"

于是我第一次明白了,柔和有时比风暴更有力量。柔和是一种品质与风格。它不是丧失原则,而是一种更高境界的坚守,一种不曾剑拔弩张、依旧扼守尊严的艺术。

我们的声音柔和了,就更容易渗透到辽远的空间。我们的目光柔和了,就更轻灵地卷起心扉的窗纱。我们的面庞柔和了,就更能流畅地传达温暖的诚意。我们的身体柔和了,就更能准确地表明与人平等的信念。

作家简介 毕淑敏,国家一级作家,北京作家协会副主席。著有《毕淑敏文集》十二卷,处女作《昆仑殇》,长篇小说《红处方》《血玲珑》,中短篇小说集《女人之约》,散文集《婚姻鞋》等。多篇文章被选入依据新课标编写的小学课本。

星期六 Sat.

※【玩转语文】※

成语里的反义词

佚名

小朋友，动动脑筋，把下列成语补充完整，需要填写的两个字碰巧互为反义词哦。快来试一试吧！

取（　）补（　）
积（　）成（　）
大（　）无（　）
（　）邻（　）舍
争（　）恐（　）
喜（　）厌（　）
扬（　）避（　）
（　）尽（　）来

【参考答案】

取（长）补（短）　积（少）成（多）　大（公）无（私）　（左）邻（右）舍　争（先）恐（后）　喜（新）厌（旧）　扬（长）避（短）　（古）尽（今）来

古代人也有身份证

"琵琶"和"枇杷"

周宏

明朝时候,有人送给县令一筐____,可是礼单上却错写成"____"。县令看后笑着吟了两句诗:"'____'不是此'____',只恨当年识字差。"刚好有个客人在座,就给它补足了两句:"若使____能结果,满城箫管尽开花。"

文中横线上的词,都读pí pá,但不是一个词:一是"琵琶",一是"枇杷"。哪里该用哪一个,你写出来,好吗?

【参考答案】

枇杷 琵琶 枇杷 琵琶 琵琶 枇杷

星期日 Sun.

※【毛头大练兵】※

请不要

佚名

请不要把树木伐光,
留一片茂密的森林,
做小猴的乐园,
孔雀的故乡。

请不要把河流弄脏,
留一条清清的小溪,
让鱼儿快乐地游玩,
青蛙高兴地歌唱。

请不要把草原垦光,
留一片绿茵,
让马儿和牛羊,
安居在这牧场。

请不要把天空弄脏,

留几朵洁白的云，
让阳光更加灿烂，
让鸟儿自由地飞翔。

【练习提升】

1. 写出下列词语的同义词。

茂密——（　　　）　　洁白——（　　　）

快乐——（　　　）　　清清——（　　　）

2. 在括号内填入恰当的词语。

灿烂的（　　　）　　快乐地（　　　）

洁白的（　　　）　　自由地（　　　）

清脆的（　　　）　　高兴地（　　　）

3. 你能根据诗歌把下面的句子补充完整吗？

森林里有我们的好朋友＿＿＿＿，所以我们＿＿＿＿＿＿；河流是＿＿＿＿的家，所以我们＿＿＿＿＿＿；草原上生活着＿＿＿＿，所以我们＿＿＿＿＿＿；天空是＿＿＿＿的乐园，所以我们＿＿＿＿＿＿。

4. 请你为保护环境写几条标语吧！

5. 你能仿照小诗再续写一节吗？试试看。

丁丁的阅读笔记

"我们的声音柔和了，就更容易渗透到辽远的空间。我们的目光柔和了，就更轻灵地卷起心扉的窗纱。我们的面庞柔和了，就更能流畅地传达温暖的诚意。我们的身体柔和了，就更能准确地表明与人平等的信念。"这是我从毕淑敏奶奶的那篇《柔和的力量》里摘抄下来的句子。

大人们常说，我们的世界正在变得冷漠。虽然我还不能完全理解这个世界，但是我知道，只要我们每一个人的心中都还有爱，我们的世界就不会冰冷。

因为，我相信，爱心是有魔法的。

第 8 章

★ 精灵世界 ★
田野是一间大教室

今天早上，爸爸妈妈给了我一个大大的拥抱，不知道为什么，感觉自己充满了能量，这真是太神奇啦！

三言两语

写一篇作文，不少于五句话。

五分钟后

丁丁，你怎么不写？

我写完了啊！

老师，你看，我不是写完了吗？

什么？

3+2=5，这不就是五句话吗？

星期一 Mon.

【文史嬷嬷茶】

"卖关子"的古今义

程琳

前几天，我遇到一个算命先生，他老远就朝我招手，并大声叫道："恭喜你，近日有大好事降临呀！"我便有意试试他的"法眼"，走到跟前问他："好，那你就给我说说我有啥大好事呀！"没想到他却一本正经地朝我"卖关子"："这个嘛，还真不能跟你随便说呢。我要一说，你会好上加好！""我明白了，你不就是要我给你点指点迷津的报酬吗？"我朝他刮刮鼻子笑着说，"不好意思，你知道我的口袋里有几毛钱吗？"算命先生一看我嬉皮笑脸地也向他"卖关子"，知道"失算"了，摆摆手，闭口不再理我了。

上面这个小故事里，两处提到了"卖关子"，那么，"卖关子"到底是什么意思呢？这个熟语古今意思一样吗？下面给大家简单介绍一下：

"卖关子"其实就是比喻在紧要关头，设置悬念或故弄玄虚以诱惑挟制对方。上面，算命先生的"卖关子"有故弄玄虚诱人上钩的意味，而"我"的"卖关子"，则有要笑挟持对方，使之无言以对的意味。

不过，最初"卖关子"并没有现在的含义。"关子"是在南宋绍兴元年（1131年），因婺州屯兵的需要而印制的有价证券。商贾可拿现钱到婺州换取关子，然后到设在都城临安的榷货务兑换铜钱或者盐、茶等物品。类似于我们现在海上贸易的提单，不能算是一种货币。在这种方式里，商品不是通过以钱易货的方式获得，而是通过"关子"这种间接形式。"卖关子"的原始含义可能就是不直接给你想要的货物，而要先"卖个关子"，多一道手续，好从中得到一定的好处。后来，引申到说话或做事上，就是不直接告诉你结果，故弄玄虚或设置悬念，以达到某种目的。

"关子"与北宋时期中国四川地区出现的"交子"一样，都属于货币的符号，却不是纸币。"关子"可以看成中国货币发展史上的一个进步。由于它的存在，我们的生活中又多了一个耳熟能详的词汇——"卖关子"。

一阵可爱的钟声

【德国】海涅

一阵可爱的钟声，
轻轻掠过我的心房。
响吧，春天的小唱，
一直响到远方。
响出去，响到那
百花盛开的园邸。
如果看见一枝蔷薇，
说我请你代为致意。

（选自《外国名诗三百首》）

星期二 Tues.

【你好！科学】

水杉为何被称为"活化石"

英子

马小跳和丁克舅舅来到了原始森林探险，一路上，他们看到了许多高大的水杉，马小跳简直有点儿目不暇接了："我怎么从来没见过这种树啊？"丁克舅舅倒是一点儿也不奇怪："它可是国家一级保护植物，有'活化石'之称，当然很难见到了。""那您快给我介绍一下它吧！"马小跳迫不及待地想进一步了解水杉。

水杉是国家一级保护植物，在中生代白垩纪，就已经在地球上出现了。水杉广泛分布于北美、西欧、俄罗斯西伯利亚、日本北部以及中国东北地区，是与恐龙同时代的古老树种。水杉本来有很多品种，但到了新生代的第四纪，地球进入了冰川期，水杉抵抗不住冰川的袭击，从此绝灭无存，只剩下了化石上的遗迹。

在很长的一段时间里，人们只看到过水杉的化石，从来没见过活的水杉，便以为这种植物早已经灭绝了。但是，后来植物学家在我国湖北的原始森林中发现了依然活着的水杉，所以，水杉被人们称为植物界的"活化石"。水杉作为和恐龙同时代的古老树种，对科学家们研究原始植物的进化规律有很大的帮助呢。

星期三 Wed.

※【名人那些事儿】※

名画家的误笔

俞建明

无论古今中外，都有一些有名的画家有时由于缺乏对生活的观察和疏忽，留下了令人遗憾的"误笔"。

南朝大画家张僧繇善画人物，奇形异貌，变化多端，各得其妙。他画了一幅《群公祖二疏图》，图中士兵穿的是草鞋，为此闹出了笑话。公祖们是达官贵人，住在京城，京城的士庶都穿布履，而穿草鞋则盛行于江南。这是张僧繇不熟悉地理、不了解民俗所致。

唐代画家阎立本的《昭君图》令人叫绝，但画中妇女戴的是帷帽，这种帽子产生于隋朝，汉代绝无。

宋徽宗的《瑞鹤图》被视为绝世佳作。后来专家研究发现，鹤在飞行时脖子总是笔直前伸的，而这幅画中飞行的鹤却弯着脖子。

漫画大师丰子恺曾挥毫画了幅《卖羊图》：一个农人牵着两只羊，到羊肉馆来卖给老板。不料一位农民看了，却连连摇头发笑，丰子恺纳闷了。那农民说："多画了一条绳子。"丰子恺听了，回过头来又仔细看看自己的画，想不通：两条绳子牵两只羊，哪里多了绳子？这时，那个农民告诉他："牵羊只需牵头羊，不管多少只，只要一条绳子就够了！"丰子恺叹服。

（摘自《辽沈晚报》）

星期四 Thur.

【童话城堡】

面条人的故事

连城

有个面条人和它的亲戚们住在一间纸房子里，房子外面写着"有史以来最筋道的面条"。

面条人知道它的命运，就是被人类吃掉。可是它一点都不想被吃掉，怎么办呢？只好逃跑啦。

面条人打算在下锅的时候实施逃跑计划。被滚水煮过之后，它的身体变得既柔软又有弹性，抗摔抗打，抗抻抗压。此时不走，更待何时？于是面条人从汤锅里跳出来，带着一身油渍逃走了。

面条人从厨房逃到院子里。微风一吹，它的身体左右摇晃，就像一根淡黄色的绳子。

"多好的鞋带呀，我正好缺一根呢！"一个男孩把面条人拎起来，快速穿进他鞋子的扣眼里，鞋子也是面条色的，面条人穿进去后，还很相配。男孩奔跑起来，又是跺脚又是跳跃，让面条人吃够了苦头。

大约过了十分钟，男孩消停下来，进入一间房子，对着一本书大声朗读起来。房子里还有许多孩子，也和他一起朗读。面条人想，现在是上课时间吧。

读了一会儿，男孩不安分了。他把面条人从鞋子上解下来，将它的头和脚分别系在一根分叉的树枝上，做成了一个弹弓。他用面条弹弓给伙伴们传纸条。面条人的腰快要被拉断了，尤其是它的头和脚，几乎和身子分了家。

还好，没多久下课了，男孩把面条弹弓扔到窗外，又去玩别的游戏了。面条人躺在水泥地上痛苦地呻吟，一个女孩发现了它。

"呀，有根皮筋！咱们来玩翻绳游戏吧。"女孩兴高采烈地呼唤她的朋友。两个女孩把面条人从弹弓上拆下来，高高兴兴地玩起了翻绳游戏，面条人被玩得头晕眼花，肠子都要打结了。

还好，没多久又上课了，两个女孩匆匆离开，临走前她们把面条人抛入草丛。面条人在草丛中躺着，动都不想动一下了。

一只粗糙的大手拾起了面条人，那是拔草的老园丁。

老园丁说："这是什么？一根面条吗？可是它那么结实，实在不像面条。"

老园丁在草丛中采了一把野石竹花，想用丝带扎起来，可是找不到丝带，只好用面条代替。没想到用面条扎的花束非常漂亮。

老园丁把花束送给了一位老奶奶。他们是一家人，老奶奶在学校的厨房里干活儿。

"还送我鲜花啊！"老奶奶幸福地捧着花儿，闻了又闻。很快，她发现了什么："哟，这不是一根面条嘛！"

"我以为它不是面条。"老园丁笑眯眯地说。

"是面条也不要紧，我给你煮早餐的时候，看到一根面条逃走了，大概就是它。"

老奶奶微笑着，把花束插进窗台上的一只空瓶子里。过了些日子，野石竹花干了，面条人也干了，但是它们的颜色还是很漂亮，常常得到访客们的赞美。

星期五 Fri.

【倾听小美文】

田野是一间大教室

王玉清

所有动植物在田野里，都是奋发向上的莘莘学子。

不信你看，点播在麦地里的蚕豆开花了，从蚕豆花的黑眼圈下，蚕豆荚偷偷爬出来，鬼精鬼精地探身到麦禾中，模仿一条条大青虫，好让你待在座位上莫动，忍住莫动！茅草花，小个子，粗着肚子发着急，举起一把小白伞，想跟芦花去比试，也不想想，现在是什么季节！荞麦花，漫天雪，开在三角形的嫩叶腋窝里，被风一吹，颤颤巍巍也要飞。油菜荚满田满野，像是些小小营养师，携了油料来调味，专为伙伴们长力气。

你再看看溪头地角——

成熟了的绿豆粒，一兴奋就会跳出来，一跳跳到了池塘边，一落落进了乌龟眼，一变变成老乌龟的灰绿色眼珠子，且正在头脸两边不安地乱转呢。

——这个，纯属雕虫小技！

端端正正的芝麻们，站在大片荒坡上，好长时间无人闻问，芝麻花儿脸一白，不由扬起脸，把细白瓷茶杯端起，镇静地细细品尝回味，好像悠然问我："看我跟白玉兰花相比，是不是同一个样子？"

荠菜花也叫地米花，只要给她一小块沙地，哪怕零零星星，邋里邋遢，她也要白牡丹似的，绽放出银色的面子，虽然她随和恳切，一直低到尘埃里……

确确实实，田野是一间大教室。

生活在宽敞明亮的大教室里，心情舒畅的青蛙像一块鸣叫的翠玉；麦穗上面的小飞蛾，像一颗颗葵花籽；大白蛾粉粉地飞起来，要不是肚子溜圆，可以媲美白蝴蝶……令我感兴趣的还有红蜻蜓，你看它头配两颗红石榴籽，细长空灵的躯体，简直就是一根燃红的灯芯草。

在田野这间大教室，出于学习与模仿的本性，所有动植物既唇齿相依，求同存异，又各擅其美，各展其性，该热辣的热辣，该醇和的醇和，该甘甜的甘甜，该酸涩的酸涩……因为它们必须遵循的更高律令是"物竞天择，适者生存"。

这有多好啊！田野是一间大教室，不用说，蓝天自然成了屋脊，沙尘暴是飘过来的粉笔灰，告诉你保护自然的道理，而夜空中那一粒粒闪烁、启智的星子，则是黑板上最为美丽的象形文字。

这样的大教室里，天天上着音乐美术课、体育劳技课、方言外语课，还有天文地理课、数学历法课、物理化学课……这些生动活泼的课堂中，甚至碎花铺地的廊道里，密密匝匝、满满当当的，都是我们田野里的孩子。

这多么让人艳羡惊喜！

【收藏理由】

作者用活泼的笔墨精准地描绘出田园里每一种植物的特性，字里行间透出机灵和动感。他熟悉田野里的一切，就像一位慈善的老师熟悉他的每一个学生一样。

【玩转语文】

轻松一刻

佚名

料事如神

豆豆:"你说世上真有像诸葛亮一样料事如神的人吗?"

华华:"怎么没有?我妈妈就是!"

豆豆:"真的?"

华华:"不信?昨天我拿了成绩单回家,妈妈只用眼睛朝成绩单上一扫,就对我说'当心爸爸回家揍你'。爸爸下班回家,果然揍了我一顿。"

惩罚

儿子向妈妈告状:"小狗把我的皮鞋咬破了。"

妈妈:"要狠狠地惩罚它一下。"

儿子:"我已经惩罚过它了,我把狗盆里的牛奶全喝光了,让它饿一天,看它下次还敢不敢这样。"

妞妞和牛牛

妞妞不爱吃肉，不爱吃豆，
吃饭发愁，越来越瘦；
牛牛又爱吃肉，又爱吃豆，
吃饭不愁，壮得像牛。
你是学妞妞，还是学牛牛？

一面小花鼓

一面小花鼓，鼓上画老虎，
小槌敲破鼓，妈妈用布补，
不知是布补鼓，还是布补虎？

【毛头大练兵】

"爱好"和"喜爱"

宋玉坤

爱好： 我叫爱好。

喜爱： 我叫喜爱。

爱好： 我俩是双胞胎。

喜爱： 我俩都有表示喜欢、有好感的意思。

爱好： 爷爷爱好下棋，对象棋很有研究；奶奶爱好刺绣，绣出的小草绿绿的，绣出的花儿红红的；爸爸爱好打篮球，是顶呱呱的中锋；妈妈爱好唱歌，曾在全市独唱比赛中荣获一等奖。我的爱好嘛，嗯，暂时保密。

喜爱： 我喜爱画画，《儿童漫画》曾发表过我的作品。

爱好： 告诉你们吧，我的爱好很广泛，比如读书、踢球、游泳、滑旱冰。对了，我还特别爱好小表妹，她叫娟娟。她呀，圆圆的脸蛋，大大的眼睛，小小的鼻头，红红的嘴唇，胖嘟嘟的小手。她的小嘴巴好甜好甜，一口一个"小哥哥"，叫得我心里特舒服。

喜爱： 哥哥，你犯了点小错误。

爱好： 错误？不可能。

喜爱： 你多用于事物，不用于人。你说你爱好小表妹，这就错了。

爱好：唔，我真的错了。弟弟，你——

喜爱：我喜爱小表妹娟娟。因为我可以用于人或事物，比你使用的范围要广得多。

爱好：还可以说，小表妹娟娟聪明伶俐，活泼开朗，很讨人喜爱。

喜爱：说得对！

【练一练】

（1）玲玲（　　）跳舞、唱歌、弹琴。

（2）邻居家的芳芳热情大方，乐于助人，我妈妈夸她是个招人（　　）的女孩。

（3）我（　　）打乒乓球，你呢？

【知识链接】

释义

爱好：对事物有浓厚的兴趣；也表示某种兴趣。

喜爱：指人们对人或某事物表示喜欢，有好感。

辨析

同：都有表示喜欢、有好感的意思。

异："爱好"多用于事物，不用于人，还可以做名词。"喜爱"可以用于人或事物。

【参考答案】

（1）爱好　（2）喜爱　（3）爱好

古代人也有身份证

丁丁的阅读笔记

如果田野是一间大教室，我愿意做田野里的孩子。

躺在开满油菜花的地里，听小青蛙心情舒畅地唱歌，看蝴蝶在空中翩翩起舞，闻沁人心脾的麦香味，尝蜜蜂的劳动果实。想一想都叫人心驰神往啊！

夜晚，我可以和小伙伴们一起提萤火虫，它可是一个淘气的小精灵。等月亮姐姐和星星家族出来玩耍的时候，我会给他们讲我最喜欢的童话故事。

啊！等我再过生日的时候，我会许一个愿望——我要做田野里的孩子。

本书编选过程中，得到不少作者的支持和帮助。在此表示诚挚的谢意！但个别作者联系方式不详，虽经多方努力，未能取得联系，而这些作者的作品我们又不愿意割舍。因此，相关作者见书后请与作文指导报社联系。